KOKONO'
de una mujer rebelde

Claudia Sántiz

KOKONO'
de una mujer rebelde

Papel certificado por el Forest Stewardship Council®

Kokono' de una mujer rebelde

Primera edición: febrero, 2025

D. R. © 2024, Claudia Ruiz Sántiz

D. R. © 2025, derechos de edición mundiales en lengua castellana:
Penguin Random House Grupo Editorial, S. A. de C. V.
Blvd. Miguel de Cervantes Saavedra núm. 301, 1er piso,
colonia Granada, alcaldía Miguel Hidalgo, C. P. 11520,
Ciudad de México

penguinlibros.com

Ilustraciones de interiores: Paola García Moreno

Penguin Random House Grupo Editorial apoya la protección del *copyright*.
El *copyright* estimula la creatividad, defiende la diversidad en el ámbito de las ideas y el conocimiento, promueve la libre expresión y favorece una cultura viva. Gracias por comprar una edición autorizada de este libro y por respetar las leyes del Derecho de Autor y *copyright*. Al hacerlo está respaldando a los autores y permitiendo que PRHGE continúe publicando libros para todos los lectores.

Queda prohibido bajo las sanciones establecidas por las leyes escanear, reproducir total o parcialmente esta obra por cualquier medio o procedimiento, incluyendo utilizarla para efectos de entrenar inteligencia artificial generativa o de otro tipo, así como la distribución de ejemplares mediante alquiler o préstamo público sin previa autorización.
Si necesita fotocopiar o escanear algún fragmento de esta obra diríjase a CeMPro
(Centro Mexicano de Protección y Fomento de los Derechos de Autor, https://cempro.org.mx).

ISBN: 978-607-385-430-6

Impreso en México – *Printed in Mexico*

A hombres y mujeres que anhelan alcanzar sus sueños y que día a día buscan las herramientas necesarias para llegar a ellos.

A todos los que trabajan para ser una mejor versión de sí mismos.

A todas las mujeres que luchan día a día por hacerse valer. Recuerden que son valiosas e importantes; que tenemos el derecho a dirigir nuestra propia vida, a estar y hacer lo que nuestro ser desea, y a no cumplir los intereses de los demás; que es muy importante estar en el lugar que nos llena y mueve; que hacer las cosas por compromiso u obligación nos lleva a morir lentamente.

Índice

Prólogo 11

El sueño 15

1. La niña dice sí 19
   Caldo de repollo 38

2. La familia se rompe... pero respira 41
   Tostada de chilacayote tierno a la mexicana 52

3. La vocación y la educación 55
   Chayotes capeados 74

4. El llamado del chef 77
   Calabazas rellenas 96

5. Me obedezco a mí misma y a mi proyecto 99
   Hamburguesa de lentejas 114

6. Mostrar Chiapas al mundo 117
    Vok-ich con pollo 128

7. El reconocimiento 131
    Taco crujiente 144

8. Sobrevivir en pandemia 149
    Mousse de dos calabazas 160

9. En la cima 165
    Gordita con nibs de cacao 178

10. Nuevos retos 181
    Duraznos asados 194

Despedida 197

Agradecimientos 199

Prólogo

Despunta el sol entre las montañas, un pequeño pueblo se delinea mientras la neblina rodea las viviendas de madera y lámina. El humo sale de las cocinas, donde ya se preparan los alimentos con los que se inicia el día: café caliente recién hecho, tortillas torteadas, salsa de jitomate, cebolla y chiles asados, frijolitos de la olla. En torno al fogón están las mujeres que trabajan desde temprano; las voces y risas se cuelan entre las paredes.

Al calor de la leña se cocinan los alimentos. La conversación de abuelas, madres e hijas se adueña del espacio doméstico: se comentan novedades sobre la salud de la familia, los aprietos económicos y la alegría que provocan los pequeños logros de la vida cotidiana. Así como transforman el maíz, el frijol, el chile y las calabazas que se cosecharon de la milpa en platillos familiares, así también cocinan y transforman las relaciones de la familia. Y es que la preparación de alimentos va más allá de lo que se prepara, con quién se cocina y convive, entre quiénes se consume y se intercambia ("llévale este caldito a tu tía que está enfermita"). También la cocina era un espacio masculino cuando el padre preparaba su plato preferido: frijoles con carne de puerco.

La comensalidad forma parte de la cultura de la alimentación que inicia al decidir lo que se siembra en la parcela, el cuidado detallado de los cultivos, la cosecha de frutos y semillas y su almacenamiento; lo que se trae del monte, como hongos, hormigas o conejos, también lo que se trae de la tienda, ya que se trata de una cultura viva, arraigada en su territorio, pero sujeta a transformación constante por efecto, principalmente, del mercado, pero de igual forma por la influencia de otras culturas. También incluye los platillos especiales elaborados en ocasiones como celebraciones familiares y de la comunidad: bautizos, bodas, velorios o la fiesta del pueblo.

Parte de esa cultura es el vaticinio del comportamiento de las lluvias con las cabañuelas, las rogativas y rezos para lograr cosechas abundantes, las ceremonias en la parcela o en la iglesia para pedir permiso o agradecer por los productos obtenidos. El conocimiento ancestral de campesinas y campesinos acerca de su entorno es uno de los pilares de esta cultura. Otro es la forma en que se relacionan con la naturaleza o cosmovisión, uno más es la organización social para llevar a cabo las prácticas culturales.

Esas son las tres piedras que sostienen el fogón de origen maya: conocimiento, cosmovisión y organización. Así concebida, se asume que esta cultura ocurre allá lejos, en comunidades rurales remotas, idealizadas y con escaso contacto con el mundo moderno. Nada más lejos de la realidad. En la sociedad contemporánea, las personas y su cultura de la alimentación tienen un papel cada vez más importante, en plena transformación, pero con el corazón bien puesto en sus raíces.

Ahora bien, ¿es posible compartir la esencia de la cultura de la alimentación con quienes degustan comida en un establecimiento comercial? En el caso de Claudia Sántiz la respuesta es simple y rápida: sí es posible. Ella replica en su restaurante el ambiente del hogar tsotsil: los aromas que se desprenden del fogón, la calidez en el trato desde la bienvenida, la detallada explicación de la carta y los platillos, la amable despedida que invita a regresar, la presencia permanente de mujeres jóvenes que conforman su equipo de trabajo, quienes se comunican en su lengua materna.

Al preguntarle a un apasionado de la cocina acerca de su motivación para cocinar, señaló el término *servicio*, la forma de asegurarse de que sus familiares y amigos coman y disfruten antes que él mismo. Entendido como el desprendimiento de algo propio para compartirlo con alguien más, esta noción es lo que subyace y sostiene la cocina de Claudia Sántiz.

El servicio también es el cuidado, en el sentido de la herencia cultural que implica la atención y presencia con quienes forman el círculo familiar. Este sentido de servicio rebasa el entorno del restaurante para tocar e influir en otros espacios, esto ocurre cuando ella colabora con juventudes interesadas, colectivos, organizaciones de la sociedad civil o grupos escolares de distintos niveles (educación básica, licenciatura y posgrado). Con estas personas establece diálogos sencillos y directos, las forma en talleres o bien las introduce al conocimiento del origen de los alimentos.

La comida es, entonces, el fundamento cultural de la cocina de Claudia, quien la define como la *conciencia de la comida* y nos hace reflexionar acerca de interrogantes importantes, pero que olvidamos por la inercia comercial, industrial o la moda. Nos pregunta: ¿sabes qué es lo que te llevas a la boca? ¿Conoces el origen y la temporada de los alimentos? ¿Quién produce y cómo se elaboran los alimentos? También nos propone una respuesta sencilla y contundente: la comida consciente es medicina, puede tomar la forma de platillos sin insumos químicos, remedios preparados en el entorno familiar, e incluso también es alimento de la tierra al regresar los restos al huerto o a los animales de traspatio.

Su labor en el ámbito de la cocina ha sido reconocida por especialistas de la gastronomía, ha ganado premios y distinciones nacionales e internacionales. El trabajo colaborativo le ha generado grandes satisfacciones. Queremos creer que las de sus amistades y personas aliadas han sido tan significativas como las recibidas en el extranjero. Su actitud frente a tales reconocimientos sigue siendo la de la vida diaria: franca, amorosa y solidaria.

En este libro Claudia Sántiz abre las puertas de su hogar y cocina. Entremos a este espacio de las palabras y digamos con ella:

¡Mi casa es tu casa!
¡Mi mesa es tu mesa!
¡Mis alimentos son tus alimentos!
¡Les doy la bienvenida!

Eduardo Bello Baltazar, Erin I. J. Estrada Lugo
San Cristóbal de las Casas, Chiapas
Marzo de 2024

El sueño

Para nosotros, los tsotsiles, el universo, el supremo, Dios, se comunica con nosotros por medio de los sueños. Si los sabes interpretar, en ellos te dice qué pasará con tu vida. Así, hay personas con el don de ser intérpretes de sueños. Mis abuelos lo hacían, mis tíos y tías tienen el don, mis papás lo hacen y, qué creen, yo también puedo hacerlo. Mi don se limita a interpretar los míos nada más; mis sueños me hablan, me dicen qué está por venir.

Como estaba desconectada y presionada por quedar bien con la sociedad o hacer bien las cosas con mis padres, realmente no ponía atención. Muchos me preguntaron si soñé el momento en que me dieron el don de la cocina o si soñé con la fama. Siempre había respondido que probablemente, pero no había puesto atención, ya que vivía en dos espacios por completo diferentes, uno en donde yo misma me decía a dónde pertenecía y que era muy fuerte y el otro en donde trataba de pertenecer y me moldeaba al gusto de los demás. Pasaron muchos años para que realmente se concentrara en uno solo, en ese lugar donde en verdad pertenecía y pertenecí desde mi nacimiento y, antes de ello, ese espacio que me llenaba y que era mío. Estuve divagando por años, pero agradezco a mi ser el haber regresado a su centro.

¿Qué tan importantes son los sueños? Mucho. Antes soñaba, pero no le encontraba sentido; de repente tenía sueños extraños, en los que no sabía en dónde estaba o qué me querían decir. Sí, ya me hablaban constantemente, pero mi ser aún no estaba alineado.

El primer sueño recurrente que tuve fue desde muy pequeña; lo soñé muchas, muchas veces. Yo veía cómo desde arriba se me enseñaba un espacio entre la galaxia y la naturaleza. La visión tenía tonos coloridos y tornasol, aunque siempre predominaban más el rosa mexicano y el verde, colores extravagantes y muy bonitos. En el centro veía mi cabeza grande, enorme, solo sobresalía del cuello para arriba. Desde más arriba observaba una mano grande y fuerte que se adentraba en mi cabeza, se sumergía e introducía algo.

Al principio pensaba que me estarían introduciendo una enfermedad, que era algo negativo. Siempre despertaba con miedo, hasta el día en que decidí ponerme atención y me adentré en mí para conectar conmigo y aquel que me hablaba; pude sentirlo, vivirlo y, sobre todo, interpretarlo. Entonces entendí que desde pequeña se me estaba introduciendo la rebeldía, la sabiduría y la fuerza para hacer las cosas de modo diferente.

El segundo se me presentó una vez, cuando ya tenía una edad más avanzada, y su significado fue mucho más concreto. Comenzaba en una cueva. Como si fuera una línea de tiempo, empecé a ver cómo desde el inicio de la historia yo ya era parte de ella: vi las cuevas, los primeros asentamientos de los abuelos, cómo se iban transformando y cambiaban su vestimenta, mucha gente, la Revolución mexicana, y así hasta llegar a mis abuelas. Lo más curioso es que era una Claudia en muchos momentos y vidas que huía de alguien, alguien la perseguía, buscaba desaparecerla. Pero también había otra Claudia viéndola desde arriba, guiándola, diciéndole por dónde meterse y esconderse para que ese ser que la seguía no le hiciera daño.

De repente aparecí en un espacio de telas, de costura. Vi a la tía María, a las mujeres vestidas con el traje regional que trabajaban duro, pero no hablaban, no decían nada. Sumisas, solo hacían lo que se les decía. Luego me encontré con las mujeres que fueron mi guía y piezas importantes desde mi niñez: mi madre, mis abuelas, mis tías María y Verónica. A lo lejos estaban escondidos los hombres: los abuelos, mi papá y un tío. Esas mujeres me arropaban, me tranquilizaban y me decían que eso ya estaba por terminar, que ya faltaba poco, que la misión estaba hecha y que lo había hecho perfecto. Una de ellas le entregó algo a la Claudia del sueño: la rebeldía, la añoranza de muchas de su linaje que se quedaron sin hacer lo que realmente deseaban. Ahora ella lo haría por ellas, ella sería quien hablara y realizara todo lo que se callaron o que no les dejaron hacer.

Qué sueño, ¿no? Ese fue el momento en el que lo supe, y respondió a tantas dudas. Entendí que se me había dado el permiso de hablar por ellas, de hacer cosas diferentes, de ser rebelde. Qué fuerte y qué fortuna a la vez. Era el momento de alzar la voz y hacer la diferencia. Agradezco a mis ancestras, a mis mujeres, porque me dijeron que no estaría sola, que ellas estarían conmigo a pesar de todo y de todos. Y es real, aquí estoy, mi linaje se está reparando y curando. Deseo que con mi caminar pueda honrar sus vidas y su caminar. Gracias, vida, por permitirme compartir todo lo logrado.

Capítulo 1

La niña dice sí

Qué bello es todo aquello que envuelve a un pueblo: su cultura, las tradiciones, sus paisajes, la gastronomía, sus historias, las anécdotas, las fiestas. Enchina la piel ver el colorido y el misticismo, los usos y costumbres; ver a su gente hacer su diario vivir; moverse entre las montañas; respirar el aire puro; vestirse de una manera poco común y al mismo tiempo que inquieta. Los pueblos tienen lo suyo, su particularidad, y cada particularidad dice mucho.

Yo crecí en uno de esos pueblos con sus propias particularidades, donde las tradiciones son muy fuertes y marcadas. Mi pueblo pertenece a los Altos de Chiapas, estado en donde según las estadísticas se ubican los pueblos más pobres de México en educación, en economía, en alimentos. Es pobreza extrema, aunque yo siempre he visto riqueza. Considero que Chiapas es uno de los estados más ricos del país. Lo tenemos todo, solo que no lo valoramos.

A pesar de estas características negativas que supuestamente tiene, yo estoy encantada de pertenecer a él y a la región. Cada que puedo, cuando me toca pisar otros territorios, presumo de esa riqueza. A veces me gustaría llevarme al estado completo para que en otros lugares entendieran más el concepto, la riqueza y el trabajo que realizamos.

Solo hay algo que definitivamente no me gusta en los usos y costumbres del pueblo: el trato hacia las mujeres. Romper con eso y hacer la diferencia es lo que he venido trabajando desde pequeña, además de la cocina.

Creo, pienso y siento que las mujeres tenemos todo el derecho de manejar nuestra propia vida, de decidir qué hacer y cómo hacerlo. En la comunidad, desde el vientre materno, ya se sabe el futuro que tendrá si es una niña; antes de nacer ya no tiene voz ni voto. Las decisiones sobre su vida dependen de un hombre, primero de su padre, quien determina lo que debe hacer, si puede o no estudiar, y, al llegar a la adolescencia, por ahí de los 13 o 14 años, con quién debe casarse, dependiendo de lo que a la familia le convenga y la dote que pueda dar, lo que en realidad es un pago, cuyo monto dependerá de las habilidades y de lo que sepa hacer la adolescente. En adelante, su futuro dependerá de lo que decida su pareja. Es fuerte, ¿no?

Eso es lo que quería evitar en primer lugar para mí y posteriormente para las demás, pues esta dinámica no solo se vive en mi comunidad, es muy común en los pueblos originarios. Sin embargo, saber que se puede hacer la diferencia significa llegar a una rebeldía extrema.

Albe o Jina

Mi segundo nombre es Albertina, un nombre bonito para mí, que me emana ternura y feminidad. Es la parte noble de mi persona, mi serenidad y timidez. Cuando era niña, en casa me llamaban de dos maneras: Albe por parte de mi papá y Tina por parte de mi mamá.

Era muy tímida, callada, nerviosa e introvertida. Siempre solía obedecer, decir que sí a todo, y todo me daba miedo. Era muy perfeccionista y estricta conmigo misma; las circunstancias de la vida me llevaron a ello. Pero eso sí, se notaba la inteligencia y la creatividad que poseía. Desde entonces la gente decía que pensaba y hablaba como una mujer mayor (bueno, cuando solía hablar), decían que posiblemente había reencarnado en mí una mujer sabia. Yo no entendía de lo que hablaban, solo recuerdo que tenía que estudiar, sacar buenas calificaciones, encargarme de la casa, estudiar y obedecer.

Recuerdo vivir mis primeros años en una casa grande sin lujos, pero sin que nada nos faltara. Esa casa tenía varias habitaciones con bastante espacio para poder tener incluso una tienda de abarrotes y el área de costura de la tía María. Ahí los cuatro hijos vivíamos con la tía, hermana de mi papá, y los abuelos maternos, quienes nos cuidaban mientras mis padres trabajaban fuera de casa. Fueron la tía y los abuelos quienes se convirtieron en nuestros segundos padres. Ellos hicieron el papel de mamá, papá, consejeros, los que nos guiaban, cuidaban y orientaban.

En la casa de los abuelos por las mañanas se veía cómo salía el humo del fogón; el café de olla de la abuela era lo mejor, era nuestra vitamina del día, degustar una sopa de tortillas con café no tenía precio. Todavía siento el sabor en el paladar. Recuerdo a la tía María en la cocina preparando el desayuno y corriendo hacia nosotros para despertarnos y prepararnos para la escuela. Eran momentos hermosos.

Entre mis recuerdos más lejanos de mi niñez está que mis padres no se entendían y discutían todo el tiempo. A pesar de que se veían cada semana, ya que ellos trabajaban en otras comunidades cercanas a la que vivíamos, cuando se encontraban se dedicaban a refrendar sus problemas de pareja y las discusiones se volvían eternas. Por esta razón, en la casa familiar no existió nunca un cariño, un abrazo o una palabra de amor hacia mis hermanos ni hacia mí, ninguno recibió un *te quiero* de ninguno; además de que en nuestra cultura nunca se demostraban los cariños de esa manera, a diferencia de como se acostumbra en la ciudad. Siempre eran regaños.

Desde que recuerdo, mi padre siempre tuvo en casa una tienda de abarrotes. Él decía que "era la fuente de la economía" y, por lo tanto, teníamos que valorarla y cuidarla. Trataba siempre de tener un auto para transportar mercancías, generalmente camionetas que utilizaba para surtir el negocio, así que era normal que él subiera a su auto y saliera a diferentes lugares. Junto a mi hermana, yo apoyaba acomodando cosas, dando cambios o lo que se necesitara.

Un día como cualquier otro mi padre salió a hacer un mandado en su camioneta, y la más pequeña de la familia, Tere, lo acompañó, ya que ella era muy apegada a él. No recuerdo detalles, solo supe a mis 4 años que mi hermana y mi padre habían sufrido un accidente. Ambos tuvieron heridas graves, pero por fortuna no se puso en juego la vida de ninguno de los dos.

El accidente fue un parteaguas para nosotros, en ese momento la familia cayó en un pozo tan hondo que nos perdimos, no solo emocionalmente. Perdimos la casa, los bienes, la tienda y la poca seguridad que a sus 4 años puede tener una niña que ve a sus padres pelear todo el tiempo que están juntos. No fue solo el choque de la camioneta, mi padre se estampó con una realidad que debía enfrentar.

Como consecuencia del accidente, los gastos que se tuvieron que cubrir fueron muchos y mis padres tuvieron que vender la propiedad. Con el accidente también se fueron todas nuestras pertenencias, incluso las máquinas tejedoras y de coser de mi madre y mi tía fueron vendidas, acto que hizo que ella se regresara a la comunidad y desde ahí trabajara en el área de costura. Todos tuvieron que buscar otro lugar donde vivir, y así perdimos la cercanía de la tía y los abuelos, algo que nos dolió más que la misma pérdida de la casa.

Se perdió todo, mis padres no tenían dinero para comprar otro terreno o una casa. La familia de cuatro hijos —Benito de 9, Chema de 6, Tina de 4 y Tere de 2— con sus padres comenzó desde cero. Se consiguió un terreno en una zona lejana, en un terreno casi baldío, donde éramos los únicos viviendo. Ahí les permitieron a mis padres abonar pagos y otras consideraciones por la situación de descontrol en nuestra vida. Empezamos con un solo cuarto, ahí dormíamos todos.

Cada uno lo superó a su manera. A partir de esa situación, mis padres buscaron espacios de trabajo más cercanos a la ciudad para estar más tiempo con nosotros o por lo menos vernos a diario. Ambos buscaron la manera de solventar más rápidamente para tener una casa adecuada y con los elementos primordiales para vivir; las necesidades básicas de atención, alimentación y casa nunca faltaron. Todo el tiempo trabajaban, iban y venían, buscando una mejor calidad de vida para nosotros. No querían que se repitieran sus historias, ellos querían que la vida nos sonriera diferente.

Con el paso de los años mi padre puso de nuevo la tienda para solventar los gastos de la familia. Una sola cosa no cambió, mis padres se alejaban cada vez más. Por lo que a mí respecta, la afectación fue muy grande.

Para nosotros, como hijos, la escuela seguía en marcha. Mis dos hermanos y yo íbamos a la primaria por la tarde y mi hermana menor iba por la mañana. Mis padres nos decían (independientemente de que ellos no se entendieran) que teníamos que aprender a ganarnos la vida. Desde una corta edad nos asignaron responsabilidades como la escuela y el trabajo.

Mis dos hermanos ayudaban a la tía María en puestos del mercado que ella puso después del accidente, le ayudaban a la venta de frutas y verduras. Esa empezó a ser su otra fuente de ingresos junto con la costura. Mis hermanos aprendieron el lado del comercio, salían de casa muy temprano para estar con la tía y ayudaban a comprar la mercancía que se tendría que acomodar en el puesto. Antes de las 2 p. m. ellos se preparaban para ir a la escuela, que se encontraba a ocho cuadras, así que en realidad no tenían que trasladarse tanto, entonces era algo "factible" para ellos.

En cambio, a nosotras las niñas se nos enseñó otra manera de ganarnos la vida y de ser responsables. Cuando llegamos a la edad ideal para dejarnos atender la tienda solas, que para mi padre era a los 8 años, yo lo hacía por las mañanas y mi hermana menor por las tardes. De esa manera cuidábamos la tienda y le dábamos el valor que merecía como fuente de ingresos. Ahora me doy cuenta de qué tan grande es la responsabilidad de llevar una casa a los 8 años, tener un trabajo y estudiar al mismo tiempo, ¿cómo lo hacía? Ni yo misma entendía. Lo único que sabía es que debía cumplir; hacía magia, jajaja.

La rutina diaria empezaba con levantarme y abrir la tienda. En lo que todos se iban a sus labores, me quedaba sola. Mientras atendía el negocio, al mismo tiempo tenía que hacer el aseo de la casa. Para el mediodía debía saber qué cocinaría para los que regresaban a casa. Antes de las 2 p. m. me ponía el uniforme, me peinaba y me trasladaba de la casa a la escuela durante una caminata de 30 minutos aproximadamente. Regresaba a casa después de las siete de la noche acompañada de mis hermanos, ya que iban en la misma primaria que yo.

Llegaba a cenar y me ponía a hacer tareas, era la única manera de avanzar con las labores de la escuela, ya que las mañanas eran para trabajar. Para terminar el día, cuando llegaba la hora de cerrar la tienda, mi padre me pedía que hiciera el corte de caja, ya que, en palabras de él, "cuando Albe hace el corte, las ganancias son mayores, ella hace rendir el dinero". Fue un buen augurio. En ese entonces para mí era un pesar, pero la Claudia adulta, la chef, tiene dentro de su cocina, también en sus manos, el don de generar abundancia en cada uno de los platillos que prepara y ofrece. Hoy entiendo muchas cosas y las agradezco.

Tener responsabilidades tan grandes a mi corta edad se reflejaba en mi conducta. Esa niña que cursaba la primaria se volvió la más sumisa de todos los hermanos, la que menos hablaba y que menos se defendía. Aun así, podía platicar con algunas compañeras, y mediante las conversaciones me di cuenta de que ninguna de ellas manifestaba tener las mismas responsabilidades que yo; ayudaban en sus casas, pero ninguna estaba rebasada en las obligaciones, como las que yo tenía. Las compañeras comentaban que su vida era jugar, reír, divertirse, que les sirvieran la comida, que les tuvieran la ropa limpia y todo lo que "comúnmente" pasa a la edad de los niños. Viendo la otra realidad, yo soñaba con vivir así, con padres amorosos, familia unida, momentos de cariño, de compartir. Había momentos en que me preguntaba: "¿Por qué a mí?". Yo justificaba mi destino como algo cultural, que correspondía a las costumbres de mi comunidad, por ser la hija mayor. Aunque vivíamos en la ciudad, muchos usos y costumbres del pueblo se reflejaban en casa.

Pasaban los años y la relación de la familia iba de mal en peor. Las dificultades no cesaron, por el contrario, seguían presentes en la vida de todos, haciendo que estuviéramos cada uno por nuestro lado. No había reuniones, pláticas ni comidas juntos, una verdadera soledad desde entonces. Comenzaron etapas muy crueles para nosotros los hijos, porque toda la frustración y el dolor que mi madre sentía por lo que vivía con mi papá lo descargaba sobre nosotros. La poca tranquilidad que existía en casa se esfumó por muchos años de nuestra vida.

Llegó la etapa de decir a mi madre a todo que sí, porque de haber una respuesta distinta o negarme a alguna orden, su ira se desataba y todos terminábamos pagándolo. Ella decía que nuestra única tarea en la vida era estudiar y por eso no permitía que tuviéramos calificaciones bajas. Vivía presionada y con miedo de no ser excelente en la escuela, por ser una niña bien portada y obediente, y con ello tener contentos a mis padres, principalmente a mi madre. No me permitía fallar.

El miedo hacia mi madre fue tan fuerte y grande que no podía retractarme, pero se compensaba con el carácter más tranquilo de mi padre. Si bien no fue violenta físicamente, hubo momentos donde sus acciones impactaron mi vida de forma terrible.

Con toda esta circunstancia, los cuatro hermanos estábamos desconectados. Con mi hermana pequeña no me llevaba y con mis hermanos mayores apenas si nos hablábamos. Sin embargo, dentro de mí anhelaba tener más cercanía con ellos, como lo veía con mis amigas o vecinos, que al menos podían comer juntos o conversar. No tenía el apoyo de ninguno de mis padres o hermanos, así que toda mi niñez fue muy solitaria y la casa familiar se volvió silenciosa, apagada.

A diferencia de la casa de la ciudad que se sentía sola y fría, la casa de la abuela paterna Andrea en la comunidad, donde había pasado los primeros años de mi vida, era unida y cálida. De hecho, el recuerdo más bonito que tengo de mi infancia es en el fogón. Era el espacio donde las mujeres se adueñaban de su propia vida, donde podían compartir su pensar y su sentir, donde simplemente eran ellas mismas. Recuerdo las risas, expresiones, incluso el semblante de cada una de ellas cambiaba, ese era su espacio, era su refugio. Observaba, aprendía y escuchaba las anécdotas de los tíos, la abuela y primos, principalmente. Además de ser el lugar que unía a la familia, ahí sí había charlas, reuniones familiares, risas, comidas juntos, momentos especiales y bonitos, ahí sí se sabía qué era tener una familia verdadera. Es ahí donde veía la otra vida, la indígena. Experimentar dos espacios completamente diferentes con los mismos integrantes era doloroso...

Posiblemente desde ahí, con esas enseñanzas, decidí que quería ser diferente, desde pequeña la rebeldía ya estaba en mi ser, solo que estaba calmada, dormida y sometida por el miedo. Era una etapa en que mi ser solo guardaba y esperaba, solo esperaba el momento y el espacio para expresarse. Afortunadamente llegaría la etapa de la secundaria, donde tendría experiencias distintas y sanadoras.

Los juguetes

De pequeña acostumbraba a acompañar a mi madre al mercado, ahí había zonas de juguetes. Solía pedirle que me comprara una muñeca, principalmente Barbies (porque era la muñeca más económica y que casi todas tenían). "Para qué quiero esa secarrona, si no me da de comer. No tenemos dinero", mi madre me contestaba. Me conformaba con solo verlas, me guardaba el deseo de tener una muñeca y seguía mi caminar junto a mi madre para hacer las compras.

Entre el trabajo en la tienda, la escuela y la casa, poco tiempo teníamos para jugar. Aprovechábamos los recesos de la escuela o algún momento en que los maestros no nos daban clases. Dos días al año, específicamente el viernes y el sábado de la Semana Santa, mi madre nos indicaba que debíamos guardar todo y no se haría nada. Entonces lo usábamos para jugar, eran nuestros dos días de vacaciones.

En casa los juguetes eran escasos. Mis hermanos tenían soldados, carritos y pelotas, ya que ellos sí percibían un sueldo —la tía les daba cierta cantidad de dinero a cambio del trabajo que realizaban—. En cambio, mi hermana y yo era muy raro que tuviéramos juguetes tal cual. Lo que conseguíamos eran los premios del Rasca Rasca, un juego que tenía la tienda. Consistía en una plantilla que se le rascaba para obtener un número y dependiendo de este ganabas alguna cosilla o dulces especiales que venían en recipientes como ollas de barro o mamilas de plástico con chicles, etcétera, que por lo regular estaban colgados a la vista de todos para llamar la atención. Era el gancho de la venta para los niños, principalmente.

También teníamos juguetes que fabricábamos nosotras con la "basura" de la tienda; es decir, con cajas o empaques de los dulces o galletas, exhibidores, o todo lo que nuestra imaginación pudiera crear con los restos que la tienda dejaba. También solía jugar con barro. Yo era feliz al conectar con tierra o barro, moldeaba utensilios de cocina y creaba cosas allegada a ella, y me llenaba de felicidad.

Además de la tierra, aquellos fueron los elementos y cómplices de la transformación y la capacidad creativa de nuestra infancia. Sin darme cuenta, estos juguetes moldearon una parte fundamental para mí: la creatividad es una de las fuentes más inagotables que mi ser posee y agradezco a la vida por ese don. La desarrollé desde muy temprana edad sin saberlo, y luego las circunstancias me llevaron a usarla como fuente de realización y mi elemento más poderoso. Definitivamente fue un presagio de aquella pequeña que cocinó, a fuego lento y sin imaginarlo, un proyecto que le esperaba de adulta.

Entre dos mundos

En verdad mis padres querían una vida diferente para nosotros a comparación de los primos o chicos que estaban a nuestro alrededor en la comunidad, pero al mismo tiempo querían que hiciésemos lo que a ellos les parecía mejor. En San Cristóbal, recuerdo que mis padres buscaban que nos comportáramos como niños de ciudad. Mi madre dejó de usar el traje regional y solo se lo ponía cuando llegaba a la comunidad. Ambos hablaban tsotsil, pero al mismo tiempo nos decían que no debíamos hablarlo en espacios públicos, que debíamos comportarnos. Tenían miedo de que pasáramos lo mismo que ellos; esa era su forma de protección. El racismo, el rechazo, el clasismo ante los pueblos originarios era muy vigente. En ese entonces pesaba mucho, porque las miradas, las palabras, el abuso, el maltrato eran duros. De hecho, otra razón para portarme bien y tener las mejores calificaciones era evitar que la sociedad me dijera *tonta* o *patas rajadas*, que era la manera en que solían llamarnos.

Si para nosotros en ese entonces dolía y marcaba, no me imagino cuántas cicatrices y dolores dejaron en mis padres. Cuando ellos llegaron a la ciudad la pasaron muy mal, por su origen fueron rechazados. La discriminación era tan fuerte que querían de alguna u otra forma protegernos y hacer que nuestra vida fuese más ligera en ese sentido. Por eso dejábamos el tsotsil y la ropa originaria en la comunidad y en la ciudad usábamos el uniforme de la escuela y hablábamos español, pero lo que no podíamos cambiar era el color de piel. Nuestros rasgos y apariencia nos delataban.

Éramos parte del pueblo, nuestras raíces estaban bien conectadas, arraigadas. Ahí sí no podíamos ir contra ello. A pesar de que mis padres querían "desconectarse" del pueblo aún había usos y costumbres muy marcadas en ellos que se nos transmitían. Hoy también lo agradezco porque ahora sé la importancia y el valor que tiene cada uno de ellos; exceptuando el trato a la mujer, eso sí quisiera eliminarlo de un tajo.

Un día comenté que quería viajar como lo hacían los actores, la gente famosa o rica. "Quiero conocer el mundo", dije. Mi madre se sorprendió y me dijo: "Va a ser muy difícil, porque no tenemos los recursos para que tú puedas viajar". Jamás me dijo que no, solo que teníamos que trabajar el doble o mucho más para que en algún momento pudiésemos hacerlo. Si para la comunidad soñar era indebido, para mis padres era solo difícil alcanzarlo. Quizá me dejaba espacio a una luz de esperanza de un futuro distinto al que la mayoría de las niñas se enfrenta. Ya veía diferente la vida, sin darme cuenta ya sabía lo que buscaba. A todo le decía que sí, pero mi corazón y mente siempre se creaban historias diferentes a lo que mis padres querían para mi vida. Hoy, en mi vida adulta lo logré: mi trabajo me llevó a conocer el mundo.

El entorno cultural de una niña tsotsil

Desde que están en el vientre de su madre, el destino de las niñas en la comunidad no les pertenece. Cuando tienes entre 6 y 12 años nunca te imaginas o sueñas con el futuro, eres niño o niña, lo único que pasa por tu cabeza en esos momentos es qué jugarás, y tu única responsabilidad es la escuela. En cambio, en la comunidad, ahí ya tienes responsabilidades importantes. En mi caso, como en el de todas las niñas, estudiar más allá de la primaria no era algo a lo que pudiera aspirar.

Durante los primeros 12 años de vida te educan para saber llevar una familia: atender a los hijos y a la pareja, a manejar la casa y cuidar a la familia. Aprendí a bordar, tejer, a trabajar la milpa, entre una serie de tareas que la cultura establece para las mujeres. Como obligación, entré a la cocina, pues debía preparar la comida para la familia.

Te enseñan a hacer tortillas y la nixtamalización; tienes que hacerlo perfecto porque desde ahí debes demostrar que vales como mujer. Si no aprendías a la buena, te quemaban las manos en el comal para que entendieras que ese era tu trabajo y que tenías que hacerlo bien. No podían permitir que no supieras hacerlo, eso era quedar mal ante la comunidad, que la gente hablara mal de tu familia o de tus padres, dirían que no supieron educarte.

Una vez que has aprendido todo, en un abrir y cerrar de ojos pasas de la niñez a la adultez. Otra de las cosas importantes para la comunidad es que antes de los 16 ya tienes que estar juntada. Por increíble que parezca, las costumbres en la comunidad indican que el valor de una mujer depende de lo que sepa hacer. Según sus habilidades y aptitudes, la mujer adquiere un precio. Luego, al año debes tener a tu primer hijo para que le demuestres a la comunidad que realmente eres una mujer completa, que das vida y, entonces, vales.

Cuántas veces vi y escuché esos tratos de los padres con la familia del que será tu pareja, cuántas veces vi y escuché que le ponían un precio a una de sus hijas, cuántas veces vi cómo el semblante de las niñas cambiaba de sonrisas inocentes a miedo y temor. En especial tengo el ejemplo de dos mujeres muy cercanas que cuando eran solteras tenían alegría y una chispa especial, sonreían. Sin embargo, cuando se casaron cambiaron totalmente; me atrevería a decir que se veían como si estuvieran muertas en vida. A nosotras se nos limitan los sueños y el poder de decisión.

Cuando escuchaba esto me preguntaba si a mí también me venderían en algún momento, si me juntarían con alguien a quien yo no quisiera. ¿Cómo es posible que por ser mujer tengas que demostrar que tienes un valor haciendo ciertas cosas? Mi pregunta siempre ha sido: ¿por qué la mujer?, ¿por qué no el hombre?, ¿por qué no ambos? O ¿por qué no ninguno y simplemente se vive la vida?

Claro que me disgustaba la situación. Observaba a mis abuelas, tías o primas en circunstancias muy desfavorables. Escuchar las historias de las mujeres cercanas a mí me ponía en lucha con mi otro yo, la Claudia que obviamente no deseaba eso y la otra que decía que teníamos que obedecer.

Hacía siempre la comparación entre las "ventajas" que tenían las mujeres de la ciudad contra los usos y costumbres del pueblo. A mi parecer, eran libres, sueltas, hacían lo que querían, decidían por ellas mismas, hablaban, sonreían. El vivir esta dualidad hizo que me hiciera consciente del futuro que me esperaba si seguía al pie de la letra las costumbres, y que la rebeldía se hiciera más fuerte.

Sin embargo, todas estas mujeres, incluida mi madre, fueron las primeras figuras importantes en mi vida que me impulsaron de una u otra manera a tomar un destino diferente. Me dieron razones para que esta niña que comenzaba su historia pudiese escribir sobre telares y fogones, una bella historia de superación y rebeldía.

El linaje comienza a sanar

Dicen por ahí que cuando una sana, sanan mujeres antes y después de ti. Creo que esa era mi misión en la vida: curar, sanar el linaje. Pero esa misión no la inicié yo, sino mi madre, doña Verónica. No se concretó y creo que es por ello que la vida, mi linaje, mis ancestras, el ser supremo me la pasaron a mí para terminarla.

Ella decía que su vida fue de muchas carencias, que a veces no había qué comer, que no había qué vestir y que todos tenían que trabajar para llevar comida a casa; por ello, sus hermanas prefirieron juntarse pensando que era mejor estar con un hombre que morir de hambre. Pero ella no quería lo mismo, no buscaba el camino fácil y a sus 15 años no quería casarse con el hombre que su padre había elegido para ella.

Al terminar la primaria —que cursaba a escondidas ya que su padre no la dejaba y uno de sus hermanos, que hasta ahora ha sido su acompañante, cómplice y apoyo constante, la ayudaba y motivaba a seguir—, una de sus maestras la instó a seguir estudiando. Como era su sueño, pero ahí no era una opción, se despidió de mi abuela diciendo que iba a buscar una mejor calidad de vida y huyó a San Cristóbal. Ese pueblito que para nosotros es la ciudad se conocía como Jovel. Junto con mi abuela, bajaba para vender productos como carbón, leña, maíz, frijol o lo que hubiera de temporada. Si bien no le era del todo desconocido y estaba familiarizada con los caminos, ella cuenta lo difícil que fue llegar a Jovel. La vida era dura ya que el rechazo hacia los indígenas era fuerte y duro: les escupían, los maltrataban, los hacían menos, decían que no tenían valor; el trato era horrible.

Sin embargo, ella dio la pauta para el cambio en las siguientes generaciones, pues fue la única que buscó otras formas de llevar su vida. A los 20, eligió quién sería su pareja años más adelante, decidió cuántos hijos tener y que la vida de estos sería diferente a la de ella. Buscó la manera de evitar que sus hijos pasaran escasez y el maltrato del *caxlan* (los que nacían en la ciudad); deseaba que nuestra calidad de vida fuera diferente. Por ello prefirió quedarse en San Cristóbal.

Pero, en realidad, no podía huir de sus raíces, las tenía muy impregnadas; era su sello, su ser, simplemente no podía desconectarlo. Su vida no ha sido fácil, son demasiados años de injusticias también desde su niñez, al igual que las que vive el resto de las mujeres en las comunidades, donde valemos poco solo por ser mujeres. En Jovel no pudo continuar sus estudios y tuvo que conseguir un trabajo. Ya como adulta, el dolor y el engaño constante la llenaron de furia y frustración. Ella también tuvo que pasar por la tensión de cambiar del pueblo a la ciudad, y se hizo parte de su rutina, como más adelante nos heredaría a sus hijos como forma de vida.

Más tarde entendí el porqué de la actitud y muchos comportamientos de mi madre. Ella también estaba en una dura batalla. Había situaciones y emociones que no sabía manejar o cómo compartir su sentir, porque a ella nunca se le permitió tomar decisiones, y ahora que era "libre", no sabía cómo actuar, por lo que seguía ejerciendo los usos y costumbres de manera inconsciente. Entonces, si bien ella comenzó la rebeldía del linaje, en el camino algo pasó que la suya se tornó en una vida "común".

En ella se encarnaron todos los deseos de las abuelas, de nuestras mujeres. Le tocó abrir el camino y fue ahí donde su hija siguió sus pasos, sin que se lo pidieran. Doña Verónica, mi madre, me nombró Albertina en agradecimiento a una mujer que la inspiró y motivó para empezar el cambio. Traigo en las venas y en el nombre la rebeldía, el coraje, las ganas de la diferencia y de marcar un camino distinto, el hacer que los deseos de su ser se cumplieran. Esa soy yo ahora gracias a mi madre, lo agradezco y lo honro, pues a pesar de que la conexión personal entre nosotras no ha sido fuerte, el linaje nos une. Soy una mujer bendecida, soy una mujer agradecida.

Caldo de repollo

Este es uno de los platillos que solía cocinar cuando estaba pequeña. Para mí era lo más fácil y rápido. Además, para estos tiempos a la cocina solo la veía como obligación.

Ingredientes

- 1 repollo pequeño
- 2 litros de agua
- 1 jitomate
- ¼ de cebolla pequeña
- 1 ramita de hierbabuena
- Chile de árbol al gusto
- Sal al gusto

Procedimiento

1. Lavar y desinfectar las verduras.
2. Poner a hervir el agua.
3. Cortar en cubos pequeños el jitomate y la cebolla. Agregar al agua.
4. Cortar el repollo en cuadros medianos.
5. Una vez que el agua haya hervido nuevamente con el jitomate y cebolla, agregar el repollo. Sazonar.
6. Cuando esté cocido el repollo, agregar la hierbabuena y rectificar la sazón.
7. Tatemar el chile de árbol y acompañar.

Tips:
Acompáñalo con unas tortillas hechas a mano o tostadas de maíz nixtamalizado.

Puedes agregar queso doble crema o el típico de tu localidad.

Capítulo 2

La familia se rompe... pero respira

La pasión por el balón

Terminé la primaria y ahí inició la rebeldía. Por el caminar de mis primas y por ser la hija mayor de mi familia, no sabía cómo se comportarían mis padres ante mis ganas de seguir estudiando, pero al final supe que ese era su sueño anhelado. Ellos ya habían elegido una secundaria para mí y mis hermanos. Decían que mientras estuviéramos juntos era mejor, para así acompañarnos y cuidarnos. A mí no me llamaba la atención esa escuela porque veía el desarrollo y el comportamiento de mis hermanos mayores; yo necesitaba y buscaba una escuela con una educación de calidad. Cuando les conté a mis padres a qué secundaria quería entrar, me contestaron que estaba loca y que no lograría pasar el examen, ya que mi hermano mayor lo había intentado y no había sido admitido, por ello habían decidido inscribirnos a una secundaria que tuviese mayor facilidad de ingreso. Ahí me di cuenta de que no me gustan las cosas fáciles, así que peleé por ello y presenté el examen y ¿qué creen? ¡Que lo pasé! ¡Estaba en la secundaria que había elegido! Era una palomita más para mi caminar. Mientras muchas niñas de la comunidad seguían sus destinos marcados por los usos y costumbres, para mí comenzaba la etapa más feliz de mi vida.

En mi adolescencia apareció una pasión que me envolvió, incluso a pesar de que mi madre, el entorno, la cultura y todo me lo prohibía: jugar futbol. En esa época, y quizá hasta la actualidad, en Chiapas lo que se les permite a las mujeres no es precisamente tener una pelota en los pies, mucho menos a las adolescentes de 13 años que están ya en edad de casarse.

Mis hermanos también se enfocaron en el futbol, tal vez porque nos permitía tener un espacio para liberar lo que nos dolía o ahogaba. Veía cómo ganaban trofeos; en la casa había muchos y muy grandes. Uno de ellos incluso tenía trofeos como el mejor goleador o jugador, y yo anhelaba lo mismo. Yo soñaba con obtener alguno un día, o ir a un campeonato.

Todos los días yo tenía que estar ahí en la cancha. Mentía para tener unos momentos por las tardes, en los cuales supuestamente iba a estudiar con algunas compañeras, pero en realidad me escapaba para estar con mi mejor amigo, que era el balón. Aunque no hablaba y me costaba entablar una conversación, tenía un equipo con el que siempre buscábamos retar a las niñas de otros salones, y aprovechábamos cada clase libre para salir a jugar y hacer retas. Jugar futbol me permitió por primera vez reconocer alguna de mis cualidades y capacidades. Mi posición preferida era media delantera, lo que nunca disfruté fue ser portera.

Me adentraba tanto en el futbol que me sabía las tablas de calificaciones de las ligas mexicanas e internacionales, estaba al tanto de cada partido, me sabía los nombres de todos los integrantes de la selección mexicana y seguía sus encuentros, no me perdía ninguno. Tanta era mi pasión que hasta llegué a considerar en algún momento ser futbolista profesional.

Yo no sabía de técnica, ni la forma de pegarle al balón, pero cuando tiraba la pelota tomaba unas curvas muy bonitas, entraba a la red y era gol, llegaba el grito, la euforia y la pasión. Recuerdo esos goles de media cancha y vuelvo a sentir esa adrenalina que llenaba esa parte de mí todos los días. Era la manera en que yo sonreía, me sentía libre, me sentía diferente.

El futbol fue lo máximo para mí, porque llegó en el momento en que más lo necesitaba. En esa etapa era una adolescente que se exigía mucho, cumplía en calificaciones, estaba en casa, era muy estricta conmigo misma. Entonces, hice que el balón fuera mi aliado para liberar todo aquello que durante mis primeros años de vida acumulé, para dejarme ser, para ser yo, para sentir, para sentir bonito. Cuando recuerdo esa etapa suelo decir: "Pobre balón", sobre él vaciaba mi enojo, el coraje y la tristeza que tenía dentro y al mismo tiempo era mi cómplice. Con él desahogaba y llenaba a la vez mi ser. Era mi espacio de disfrute, de inspiración, de felicidad. Sin darme cuenta, soltar todo lo que tenía contenido ayudó a que me pudiera empezar a comunicar.

La enseñanza más fuerte que me dio ese deporte fue que hacer las cosas que uno quiere o desea era la mejor manera de vivir la vida. Me mostró que, si yo quería algo, tenía que soñarlo, luchar, trabajar, y así lo podría palpar. Porque así fue con el futbol, era constante día con día, fui puliendo mi desempeño hasta obtener eso que anhelaba. Definitivamente el futbol fue para mí libertad y aprendizaje, mucho, mucho aprendizaje.

Un día mi madre se enteró de que jugaba futbol y me ordenó que dejara de hacerlo. "Ese es un deporte para hombres y tú no eres hombre para estar en ese deporte", me dijo. Le contesté que no me importaba, porque dentro del futbol yo me sentía como pez en el agua. Fue la primera vez que me rebelé y no la obedecí.

Tuve que dejar el futbol cuando pasé a la prepa, porque estaba llena de trabajo: la escuela, la casa, la tienda. Pero siempre recuerdo como la mejor etapa de mi vida esos tres años de secundaria, donde jugaba futbol y era libre. Si me preguntaran a qué etapa de la vida quisiese regresar, sin duda sería a la secundaria, donde el futbol, como la cocina ahora, se hizo parte de mí. Le daba sentido a mi vida.

La separación

Qué bonito fue cumplir 15 años y saber que iría a la prepa y no me casaría. Era un alivio saber que mi vida iba por un camino diferente al de las mujeres de la comunidad, era un alivio saber que iba a seguir estudiando y que probablemente lograría ese sueño dorado de obtener un título profesional.

Sin embargo, la situación en casa cada vez se ponía color hormiga. Siempre escuchaba las peleas y veía cómo mi papá terminaba por irse de la casa, hasta que un día, cuando yo tenía 16, ya no volvió. Mis padres se separaron y con ello todo se rompió. Otro acto también de rebeldía: decidir no seguir juntos hasta la muerte como la cultura de la comunidad lo indica. Saber que la decisión se había tomado porque ambos estaban conscientes de que ya no podían estar juntos y no podían aparentar, saber que cada uno necesitaba de su espacio, fue lo mejor.

La separación tuvo un efecto terrible sobre mí. Independientemente de que no me llevara bien con mi mamá y no tuviera una relación fuerte con mi papá, me pegó muchísimo. Tampoco había una relación buena con mis hermanos, cada uno estaba por su lado, cada uno hacía lo que tenía que hacer, por lo que me costaba mucho compartir con ellos lo que sentía o pensaba. Decaí mucho: de nuevo empecé a guardarme cosas, a no hablar ni sacar lo que sentía. Empecé a experimentar crisis emocionales.

Anhelaba una familia feliz como las de la televisión o la de mis compañeros; imaginaba que quizá algún día podríamos llegar a ser una familia normal como la de ellos. Al saber que mis papás se separaban, si quedaba una pequeña esperanza de una familia unida, supe que ya no la habría. Ya no iba a tener una familia con las características tan deseadas, ya no tendría ni siquiera la posibilidad.

Sin embargo, hubo algo bueno. Después de la separación, mientras todos empezábamos a asimilar lo que pasaba, mi madre tomó una actitud diferente y con ello el ambiente cambió. Por primera vez en nuestra vida se celebraron los cumpleaños; todos estaban de acuerdo, incluso mi padre.

Cuando yo estaba por cumplir 15 le había pedido a mi padre que me hiciera una celebración pequeña con los compañeros del futbol, quería algo sencillo, porque, además, estaba culminando la secundaria, y para mí era un logro más. Los 15 años era el pretexto para el festejo de ambos acontecimientos, pero al final él dijo que no había tiempo para tales cosas y menos dinero.

Cuando llegaron los 15 años de mi hermana, que era dos años menor que yo, mi mamá decidió celebrar con una gran fiesta. Yo experimentaba muchos sentimientos y emociones encontrados, pues, a pesar de no tener una buena comunicación con mi familia, la fiesta fue un gancho para estar juntos. Así fue como por primera vez vi a mi familia "unida" en un evento que mi madre había hecho posible.

La jovencita también es líder... pero no en todos lados

Cuando mis padres se separaron, doña Vero, mi madre, encontró un refugio en la religión católica. En un momento determinado le tocó participar en la construcción de la ermita de la colonia y se involucró muchísimo en la organización. Esto le daba la posibilidad de desahogar sus tristezas y frustraciones por la separación. Al mismo tiempo nos impulsó a nosotras, sus dos hijas, para que nos encargáramos de la coordinación del grupo juvenil de la ermita.

Cuando era pequeña, alguna vez mis padres nos llevaron a la iglesia de Santo Domingo, en San Cristóbal de las Casas. Ahí había un grupo de niños que cantaban a la una de la tarde en el coro de la misa. Un día le dije a mi mamá que me gustaría estar en ese coro, pero mi padre me escuchó y me dijo que no había tiempo para esas cosas, que dejara de decir tonterías. Asentí con la cabeza y se quedó solo como una ilusión. "Me habría gustado cantar en ese grupo", pensé.

Años después surgió la oportunidad en la ermita. El momento emotivo que vivía no era el mejor, pero, como anhelaba ser parte de un grupo, me fue fácil integrarme. También ayudó que esta agrupación de jóvenes iba iniciando de cero. Éramos 10 jóvenes de la colonia de entre 15 y veintitantos, pero no nos conocíamos y nadie tenía experiencia en ello, lo que fue clave para generar un ambiente de confianza.

De nuevo me estaba metiendo a una aventura que no sabía en qué terminaría, pero estaba muy motivada y con muchas ansias de hacer cosas diferentes. Por ejemplo, descubrí un talento que desconocía: el liderazgo y la organización. Me convertí en la coordinadora del grupo y fue tal el éxito que fui su líder por más de siete años. Incluso a mí misma me sorprendía mi capacidad, podía hacer cualquier actividad, proponía ideas, ejemplos, hablaba con mucha gente. Pero hay más, pues terminé haciéndome cargo del grupo de la parroquia con un total de 12 ermitas y 15 grupos juveniles.

Esta etapa del grupo juvenil fue muy bonita, pues además de la seguridad que adquirí por mi desempeño, fui muy querida por los jóvenes y eso me hacía sentir muy protegida. Mucha gente me decía que parecía una señora porque cuidaba mucho de ellos (aunque tuvieran mi misma edad), les daba consejos y me preocupaba por su bienestar. Su protección y cariño hacia mí fue uno de los aspectos que hizo de esta etapa una de las mejores de mi juventud.

Incluso mi madre se volvió más amable conmigo cuando se trataba de realizar actividades para la iglesia. Hasta me permitía faltar a la escuela sin enojarse, lo cual no era válido en ninguna otra circunstancia. En una ocasión, cuando estaba en la universidad, dejé una clase importante de la carrera y viajé de Tuxtla Gutiérrez a San Cristóbal de las Casas para organizar la fiesta grande de la iglesia, donde hacíamos adornos, decorábamos las calles, los carros alegóricos, y cubríamos con el coro todas las misas, servían la comida y era toda una fiesta.

Además de todas las actividades que realizábamos, también hacíamos una parte de labor social. Si alguna familia no tenía para comer, nos organizábamos en el grupo y le comprábamos una despensa; si alguien fallecía, lo acompañábamos; si había enfermos, los visitábamos y buscábamos que sus preocupaciones se hicieran menores. De esta forma estuve durante unos 12 años, los primeros completamente involucrada, y los finales ya intermitentes por mis actividades en la universidad e incluso por los trabajos en los restaurantes. A la par, fomentábamos valores, pues lo importante era brindar un servicio y no cobrar por hacer un negocio. También los chicos debían tener un buen comportamiento: no fumar ni tomar. Ahí me di cuenta también de que era muy estricta (que tenía un pedacito de mi madre).

Después de dos o tres años de comenzar con el grupo juvenil caí en cuenta de que podía cumplir uno de mis deseos de niña, así que propuse crear un coro que llamamos Nueva Alianza, pero la gente nos bautizó como La Estudiantina de la Morelos.

Nos organizamos y poco a poco compramos instrumentos musicales. Comencé tocando percusiones, luego me pasé a la guitarra y aprendí a tocar el contrabajo. Cuando mi estancia ya era intermitente, traté de tocar el acordeón, pero se me hacía muy difícil, ya que era el instrumento que abría y daba la pauta para todos los demás. Eso se me complicó, solo el saber que tenía que comenzar me daba miedo.

El trabajo y la pasión que le poníamos a nuestra música gustaba, nos ganó cierto prestigio en la zona. Entonces, empezamos a recibir invitaciones a eventos y colaboraciones en otras ermitas o con otros grupos. Con el tiempo la fama fue tan grande que nos contrataban para XV años, bodas, serenatas, rezos, incluso fuera de la ciudad de San Cristóbal.

Dentro de ese grupo religioso podía moverme como pez en el agua, actitud que contrastaba con otros espacios donde me movía, como la escuela. Podría decirse que era algo que me desconcertaba, pues mientras en un ámbito me reconocían y agradecían todo lo que hacía, en la escuela era introvertida e insegura, al grado de que podían hacer de mí lo que quisieran. A pesar de todo lo que lograba con la coordinación de los grupos, fuera de la religión era todo lo contrario, no era capaz de hacer casi nada. Por un lado, en el área de la iglesia podía ser una gran líder, pero en la parte escolar comencé a descuidarme.

Tenía dos amigas que vivían también los divorcios de sus padres y eso hacía que tuviéramos algo en común. Con ellas me tomaba tanto tiempo para estar que por primera vez llegaba tarde a casa, a pesar del miedo a mi madre. Lo hice hasta que reprobé una materia y ese fue un punto crucial. Me decía cosas insultantes a mí misma por llegar a ese punto... esa fue una constante en mi vida, exigirme tanto que pudiera decirme las peores cosas a mí misma.

A la par, había muchas otras cosas que atormentaban mi ser. Hubo un tiempo en que mi salud se vio deteriorada, pues colapsé en distintos momentos. La salud emocional de mi ser no estaba bien y por unos años, quizá dos o tres, tenía desmayos y caídas en las que me ponía en riesgo y dependía de quien estuviera cerca para apoyarme. Fueron tres veces las que perdí la conciencia de forma grave, situación que hizo que mis padres se preocuparan, en especial mi mamá. Al verme de esa forma, mi madre se ablandó un poco y disminuyó la rigidez con la que me trataba. Quizá todo el malestar acumulado por tantos años de violencia y maltrato buscó una forma de salir de mi pequeño cuerpo y, a pesar de la forma en que sucedió, fue una válvula de escape para evitar un daño mayor.

En la actualidad, mi presencia en alguna de las actividades del grupo es posible, si el trabajo como chef me lo permite, pues la fe y la religión tienen un lugar particular dentro de mi ser. Es algo de lo que no he podido ni querido alejarme de forma definitiva, ya que es un espacio en donde la música me llena, en donde desarrollo las habilidades para tocar instrumentos musicales y donde puedo jugar con mi voz. Este grupo juvenil marcó de modo importante mi vida. Servir a otros es algo que permea cada una de las actividades y proyectos que desarrollo hasta la actualidad. No importa quién sea, no importa si la relación no es buena, no importa si no los conozco, hay una necesidad y hay que actuar. Por eso siempre digo que si tenemos la oportunidad de ayudar a otros, hagámoslo, solo si nace del corazón.

Tostada de chilacayote tierno a la mexicana

Este platillo era uno de los que me gustaba preparar y comer. La combinación de calabaza con queso y salsa verde era genial para mi paladar.

Ingredientes

- 1 chilacayote
- 5 jitomates
- ½ cebolla mediana
- 1 ramita de tomillo
- Tostadas
- Aguacate
- Queso
- Crema
- Sal al gusto
- Aceite

Procedimiento

1. Lavar y desinfectar las verduras.
2. Cortar en cubos pequeños el jitomate y la cebolla.
3. Cortar el chilacayote en cubos medianos.
4. Sofreír la cebolla, una vez que haya cambiado de color agregar el jitomate y sofreír muy bien.
5. Cuando esté sofrito agregar el chilacayote, incorporar bien, agregar el tomillo y sazonar.
6. Cuando esté cocido, poner la preparación sobre la tostada. Agregar queso, crema y aguacate.

Tip:
Puedes acompañarlo con una salsa verde o chiles en escabeche.

Capítulo 3

La vocación y la educación

El amor de mi vida

Cursaba el bachillerato con especialidad en Turismo cuando apareció la materia de Cocina. No sabía exactamente en qué consistía, solo sabía que se ponían una filipina bonita. El uniforme de los chefs me llamaba la atención, así como el de las sobrecargo. En algún momento pensé ser una; llamaba mi atención el porte, lo pulcro del uniforme, lo bien vestidas que se veían, lo muy bien presentadas. Cuando investigué sobre ellas y conocí los requisitos de estatura desistí: buscaban mujeres de mínimo 1.60 cm y a mí me faltaban 10. De esa misma forma me pasó con los cocineros, veía películas o algo relacionado con ellos y me llamaban la atención.

Por ahí dicen que del amor al odio hay un solo paso, y así fue conmigo. Es cierto que ya cocinaba desde muy pequeña, pero lo hacía por compromiso, por cultura, por usos y costumbres. Era tal la responsabilidad sobre mí en casa que odiaba la cocina.

Me enojaba que por ser mujer me tocara cocinar. Cuando interactué en la cocina de la escuela la perspectiva fue diferente: el profesor nos mostró la gastronomía a nivel profesional y eso me hizo ojitos.

Pero en esa primera clase todo cambió: vi la cara más bella que me podía dar, sentí cómo mi ser se conectaba con ella y se reiniciaba. Entonces dije: es el camino. Fue amor a primera vista, pues desde la primera clase me enamoré y se convirtió en el amor de mi vida. Me casé con ella y desde ahí no nos hemos soltado, a pesar de que nuestra relación no era bien vista.

Ya desde la secundaria había demostrado que me interesaba la educación de calidad, prueba de ello era el cambio de escuela que pedí a mis papás. Yo tenía claro que en San Cris no existían universidades al nivel que quería para mí y que tendría que irme. (¿Será que solo quería huir del entorno que me resguardaba y me impedía seguir mis sueños?). Entonces, busqué escuelas de cocina en Chiapas, pero solo sabía de una que era muy cara. Por fortuna, en mi búsqueda descubrí que la Universidad de Ciencias y Artes de Chiapas (Unicach) recientemente había abierto la carrera que buscaba en Tuxtla. Eso significaba que, si entraba, se haría realidad otro de mis sueños: estudiar fuera.

El ultimátum

Con el grupo estábamos en el auge del reconocimiento y la popularidad, cuando tuve que tomar la decisión importante de irme a estudiar fuera. Era el momento de luchar por mi sueño más grande, y más rebelde. Si lo conseguía sabía que era la pauta para demostrarme que era capaz de conseguir absolutamente todo lo que mi ser quisiera; de lo contrario, sabía que iba a permanecer en las redes de los deseos de mis padres.

La vocación y la educación

También buscaba poner el ejemplo, demostrarles a los demás que los sueños se consiguen. Tenía a mi alrededor a muchos jóvenes a quienes de una u otra forma quería inspirar, ya que muchos de ellos estaban en malos pasos. Me preocupaba que era el inicio de nuestro camino o el momento en donde puedes hacer y deshacer con tu vida, porque tienes toda la energía del mundo para luchar, trabajar y alcanzar lo que quieras. No digo que no lo puedas lograr después, pero cuesta más, por muchas razones, principalmente físicas.

Como ya saben, mi madre, que era la más estricta de mis padres, siempre comentaba que "ojalá algún día mis hijos tengan un título profesional". Posiblemente yo seguía ese sueño anhelado de ella, pero también era el mío. Sin embargo, no nos permitía abiertamente que decidiéramos por nosotros mismos.

Un día llegué a casa y pedí que mis padres se reunieran, les dije que me iba a Tuxtla a estudiar Gastronomía, que no les estaba pidiendo permiso, les estaba avisando. Ambos se opusieron a que estudiara fuera de San Cristóbal y no estaban de acuerdo con la carrera.

Mi padre me preguntó a qué se refería porque él lo relacionaba con los planetas o algo similar a la astronomía. Cuando le expliqué me contestó: "¿Cocinar? Quédate mejor en casa y cocíname a mí, yo te pago". Además, me objetaba que no aguantaría ni un mes fuera de casa, pues él era quien más me conocía y sabía de mis debilidades.

Mi mamá fue más enfática y dijo que no lo permitiría: "Si a tus dos hermanos mayores que son hombres no los dejé hacer lo que quisieran, menos a ti", pero aunque le costaba, terminó aceptando la decisión. A diferencia de mi papá, ella prefería que me inclinara por convertirme en profesora de preescolar, porque era "seguro". A raíz de su historia de vida, ella decía que "si un día tenía que divorciarme, podría mantener a mis hijos con un trabajo seguro", y el magisterio en ese entonces era el trabajo más seguro que había para las mujeres.

Con el tiempo entendería que en todos los casos mi padre se dejaba llevar por el miedo a que me pasara algo. Era su manera de cuidarme y protegerme, ya que él y mi mamá habían sufrido discriminación y rechazo por ser indígenas y no querían lo mismo para nosotros. Quizá por eso pensaban que mientras más cercanos a ellos y sin salir, tanto mejor protegidos estaríamos. Sin embargo, nunca se imaginaron que eso haría todo lo contrario en mí. Además, si no me iba de San Cristóbal, nada extraordinario hubiera pasado, no habría sucedido ese cambio que tanto anhelaba y para el cual la vida ya me había preparado.

A contracorriente hasta de mí misma

La realidad era que no había vivido sola jamás y sentía mucho miedo. Siempre había estado junto a mi familia o bien en la casa de mi madre, tras el divorcio de mis padres. Era una chica introvertida y callada a la que le costaba entablar conversación, así que me aterraba la calle o solo pensar en preguntar algo y en ese entonces me creía una tonta.

Lo que en realidad me daba pánico era pensar que si efectivamente no aguantaba, no solo me quedaría ahí en el intento, sino que mis padres tendrían razón. Todo iba a contracorriente, todo, hasta contra mí misma.

Entonces calmaba mis pleitos internos armándome de valor: para mí era el momento de resistir y rebelarme para seguir estudiando e irme a la universidad. Aparte, si algo tengo es que mientras más me retan, más me aferro a ese desafío y digo: te voy a demostrar que sí puedo. Eso haría con mi papá: iba a lograr mi título profesional. Además, mi ser decía que no era la primera joven que trabajaría y estudiaría al mismo tiempo.

Al final, me armé de valor y desafié la negativa de ambos. Los enfrenté y les comuniqué la decisión: "Me voy a Tuxtla Gutiérrez, me apoyen o no". Tenía una gran necesidad de seguir ese llamado interno que no identificaba aún del todo, pero que me pedía a gritos que siguiera adelante. Así comenzó la etapa más importante de mi vida, en la que aprendí a vivir sola y trabajé en hoteles para poder pagar la escuela. Me demostré que tenía habilidades y la capacidad para sobrevivir individualmente y cumplí el sueño de obtener mi título de licenciatura. También viví momentos clave para llegar a ser la gran chef en la que me he convertido.

Los retos de la universidad

Entré a la universidad en 2005, y no fue fácil. Era la primera vez que dejaba el hogar, y me topé con un mundo hostil y lleno de discriminación, con compañeros que me juzgaban, primero en la escuela y luego en el trabajo. Todo era nuevo, un lugar para vivir, una escuela diferente, una sociedad diferente. Todo me daba miedo, literal, la calle, la gente, todo.

Fue una etapa difícil también en el sentido de los estudios. Había cosas que se me complicaba entender o simplemente el miedo me nublaba y no lograba comprender del todo. Al principio, a pesar de ponerle muchas ganas y estudiar, mis calificaciones no fueron las mejores. Recuerdo que me fue terrible en mi primer examen práctico de cocina de bases culinarias, es decir, cortes, técnicas de cocción y cosas muy sencillas para mí ahora.

Es cierto que ya cocinaba, pero no era nada comparado con lo que se hacía en la escuela. En casa preparaba los platillos, y si alguno no gustaba o no estaba bien de sabor, presentación y demás, no pasaba de que no se lo comieran y se cocinaran ellos solos o que buscaran la manera de completarlo con otro ingrediente para que supiera mejor. En la escuela te juegas una calificación, la perfección, el aprendizaje, las críticas, las burlas y muchas otras cosas. Ahí sí tienes que hacerlo bien, y pues en ese momento yo no pude.

Entramos a la cocina, nos dieron las indicaciones, el tiempo de entrega y el reglamento; solo tenías que seguirlo al pie de la letra. Resulta que solo tenía que hacer un corte perfecto a una zanahoria, pero, con los nervios, miedo y demás, terminé cortándome a mí. Intenté esconderlo, pero no pude; el chef me vio y me dijo: "A este paso no avanzaremos a nada". Mis compañeros se burlaron y fui la comidilla del grupo. Pasé la vergüenza más grande de mi vida; quería huir, deseaba que la tierra me tragara. Me mandaron a ponerme algo en el dedo y a seguir con el examen.

Saqué, si no mal recuerdo, seis punto y algo. Cuando vi mis primeras calificaciones me cuestioné si era lo que quería en realidad o mejor cambiaba de carrera. Sentía que no embonaba en la cocina, que había decidido esa carrera solo para retar a mis padres.

La escuela nos enviaba después de cada semestre a prácticas profesionales. Como yo podía elegir a dónde ir, me quedé en San Cristóbal, en un hotel. Era el primer día, nos presentaron con el chef y el equipo de cocina. Nos dijeron que al siguiente día tenían evento en uno de sus salones más grandes y teníamos que servir a más de 500 personas; desde ese momento comenzarían las preparaciones de alimentos. Nos trasladamos a la cocina y creo que yo traía algún tema con las zanahorias, ahora que lo recuerdo me da risa y curiosidad de por qué pasaba, ya que el chef me pidió limpiar y cortar una gran cantidad de zanahorias y, pues bueno, sucedió la misma historia que en el examen: ¡me volví a cortar! Otra vez pasé una pena horrible. Estaba iniciando prácticas, ningún

La vocación y la educación

chef confiaría en mí, desde ahí demostraría que no servía para la cocina. Traté de esconderlo, pero alguien me vio y se lo comunicó al chef. Él se rio de mí, me hizo burla, me preguntó si estaba segura de a lo que iba y pidió que me cubriera ese dedo y me pusiera un guante. Nuevamente dudé, me enojé mucho porque mi miedo y nervios me habían traicionado otra vez y estaba pasando por la misma historia. No sabía qué hacer ni pensar. Esas prácticas pusieron en duda mis capacidades y habilidades.

Regresamos a clases y nos dimos cuenta de que algunos compañeros habían desertado. Habíamos entrado 35 y quedábamos menos de 30. Escuchaba cómo algunos compañeros se quejaban del trato en cocinas, que lo único que hicieron en mes y medio fue lavar y limpiar paredes, que jamás tuvieron contacto con la producción de alimentos. Yo estaba un poco decepcionada de mí, pero había algo ahí que me gustaba y llamaba mucho, era algo en mi interior que me decía que iba por buen camino. Intenté concentrarme y enfrentarme a mis nervios y al miedo.

Para el segundo semestre todo fluía mejor. En mis segundas prácticas entendí que me gustaba la mala vida: las *camotizas* —término que usamos los cocineros para referirnos al trabajo intenso—, la adrenalina, la presión, el tiempo sobre uno. Me gustó, me gustó la parte *mala* de mi amor; me enamoré aún más profundamente de ella.

Para séptimo semestre perdí la beca porque de nuevo reprobé una materia. Esta vez no fue mi culpa; ese maestro acostumbraba hacer eso, ya que buscaba obtener beneficios de parte de los alumnos. Del total, solo tres pasaron y con una calificación apenas arriba del 6, que es la que te permitía aprobar, los demás sacamos debajo de 5, hasta 3 puntos. Me enojé muchísimo, odié al maestro, porque había perdido una parte importante que me ayudaba a solventar la escuela. Intentó sobornarme; me dijo que podía ponerme una calificación alta si le daba algo a cambio.

Fue algo que odié y volví a confirmar que esas cosas no me gustaban y que no caería en su juego.

Luego lo agradecí, porque este acto me llevó a trabajar, ya que los gastos incrementaban cada vez más. Fue lo mejor porque al finalizar la escuela ya tendría experiencia profesional. Fueron meses de mucho aprendizaje, retos y demás, pero me ayudó a pulir muchas cosas tanto en lo personal como en lo profesional. Mis padres jamás me han dejado sola, sino todo lo contrario. A pesar de que nuestro pensar y sentir no se entiendan, ellos han estado en cada momento, con sus modos y formas, unas más dolientes que otras, pero al final es su manera de protección y ver la vida a través de sus experiencias.

En el trabajo, recuerdo que estábamos montando un evento el chef ejecutivo, una cocinera y yo, cuando él me preguntó cuántos años tenía y me dijo: "Estás a tiempo de cambiar de carrera, ponerte una falda corta y quedarte detrás de un escritorio. Ustedes las mujeres no pueden llevar una cocina profesional; ustedes, a la cocina de su casa, ahí sí pueden mandar. Ustedes siempre necesitarán de un hombre". El machismo estaba a flor de piel. Me dio mucha rabia y en mis adentros me pregunté: "Entonces ¿por qué tienes como segunda a una mujer? Algún día te mostraré que puedo llegar a puestos altos y llevar una cocina".

Años después regresé a ese lugar, llegué a desayunar por una reunión. Siempre solían tener a una *hostess* en la puerta para recibirte y llevarte a tu mesa. Ese día estaba él haciendo ese papel. Al verlo recordé sus palabras y me tembló todo. Para mi mayor sorpresa, cuando me vio dijo: "Buenos días, chef, ¡bienvenida!". La persona que iba conmigo le preguntó: "¿A poco la reconoce?" —yo le había comentado de aquella experiencia—, y él contestó: "Claro que sí, la chef Sántiz es una digna representante de Chiapas, ella es quien nos representa". En ese momento mi ego creció; alguien que no creía en mí al final casi casi me alababa. Todo el tiempo que estuvimos ahí estuvo al pendiente, hasta se sentó en nuestra mesa. Cómo justamente la vida da vueltas, ¿no? Otra de las pruebas de que no puedes y debes subestimar a alguien sin antes conocerlo o dejar que realmente se desarrolle.

Mis ángeles

Cuando llegué a Tuxtla me quedé en una casa de *abonadas*, una casa donde hospedan solo a niñas con una familia que se encarga de cuidarte: la mamá doña Lupita y su hija Verónica nos daban de comer. Ahí compartía habitación con otras tres niñas, lo que me resultaba muy incómodo. Seguía siendo muy insegura, introvertida, miedosa; me costaba mucho relacionarme, siempre tuve miedo de expresar mi sentir. Así que siempre le peleaba a doña Lupita un cuarto individual para tener mi espacio y un poco de intimidad.

Con el paso de los meses fui perdiendo el miedo a relacionarme con mis compañeros de la universidad y a hacer amigos. Georgina y yo trabajábamos juntas en los equipos de la escuela y terminamos siendo amigas. Era súper sencilla, amable, risueña y muy jovial. A pesar de que también era muy introvertida, tenía esta parte que parecía como que "le valía madre la vida". A veces no hacía tarea porque no le interesaba mucho tener las mejores calificaciones, y le iba bien. Viajamos de vez en cuando a San Cristóbal, íbamos y regresábamos el fin de semana.

Hubo un momento en que nos hicimos tan cercanas que Georgina me dijo: "Tengo un espacio, hay un cuarto desocupado en mi departamento, quizá te quieras pasar". El departamento estaba muy cerca de la universidad; solo era cosa de atravesar el libramiento. En cambio, con la señora Lupita tenía que levantarme muy temprano para hacer una caminata de más de 10 cuadras muy largas para llegar a la parada de las combis, lo cual me daba miedo. Por lo tanto, la propuesta de Georgina de compartir casa me cayó como anillo al dedo.

Al compartir su espacio conmigo, Georgina se volvió como mi mamá. Aunque era muy reservada con los demás, conmigo era muy protectora. Me enseñó un mundo que no conocía, como las plazas, lugares que no conocía donde iban los jóvenes, pues yo venía de una cultura diferente. También me ayudó a encontrar mi propia seguridad. Al final de la universidad nos tuvimos que separar para trabajar nuestras tesis, pero ella fue una pieza muy importante en mi vida universitaria. Siempre le estaré agradecida.

De alguna manera he tenido una especie de magia que me acompaña en cada lugar adonde llego. No podría llamarle suerte, simplemente me doy a conocer tal y como soy y atraigo a las personas que se reflejan en mi autenticidad. A veces pienso que es coincidencia conocer a gente buena, sin embargo, seguro tiene que ver con lo que uno refleja.

Siempre he dicho que la gente que se acerca es porque son los ángeles que el universo me manda para sacarme de algún meollo de mi vida. Es como si tuviera una especie de magia que me acompaña a donde sea que vaya porque suelo atraer a personas buenas. Georgina fue una de ellas, y también Gabriela Pola.

La etapa de la universidad fue donde me ayudó a descubrirme, el trampolín en la parte profesional.

El recetario que me llevó a Pujol

Cuando llegó el momento de hacer mi tesis, me asignaron a Gabriela Pola como asesora. Ella nos daba una materia de laboratorista clínico y yo al principio pensaba que no sería la adecuada para mi proyecto y no nos acoplaríamos. Me llevé una gran sorpresa...

Cuando me preguntó qué quería hacer, yo tenía en mente para lo de la tesis un recetario, pero un recetario de postres. Ya desde entonces me inclinaba hacia lo dulce. Ella me dijo: "Sí, un recetario de postres. ¿Cómo?". Le dije que un recetario de especias, como tomillo o laurel; quería transformarlas en postre; unas 10 recetas. Ella insistió: dame otra opción. "No sé qué más hacer. No tengo otro tema", le contestaba. No entendía que el propósito de una tesis era hacer un aporte a la sociedad.

En una ocasión, el gobernador tuvo un evento cerca de la casa de mi asesora en el que entregó estufas ecológicas. Gabriela me preguntó si las conocía. "Sí, claro —le dije animada—, mis tías la tienen, pero platicando con ellas me dicen que no la usan". "Ahí está tu aportación, porque puedes hacer que empiecen a trabajar con su estufa", me contestó. Yo me puse renuente porque conozco a mi familia y es bien terca; cuando dicen que no, es no. Pero ella insistió en que el aporte estaba en incentivar a que las usaran; que entendieran que no solo tendría beneficios para su salud, sino para la comunidad en general y el medio ambiente, porque son ahorradoras de leña. A la par, les daría técnicas que les ayudaran a sacar el mejor provecho de esta herramienta. Entonces empecé a trabajar en la tesis y en el recetario.

Un día mi asesora me dijo: "Oye, Clau, pero no todos entienden el español, porque no lo hablan". Tenía razón, pero, además, no todas las mujeres leen. Sus hijos sí porque van a la escuela y aprenden español, entonces, ellos les leían a sus mamás o les traducían a su lengua materna. Así que decidimos escribir la tesis en tsotsil. Ello más el aporte social hizo que a mucha gente le llamara la atención y se posicionara entre las tres mejores de la generación. Yo no la veía con tal agrado, porque como era mi entorno, mi lengua y mis temas, me parecía algo normal.

Estábamos a principios de noviembre de 2010, estaba en el trabajo, cuando de salida, en la madrugada, vi en mi celular llamadas perdidas y mensajes de mi asesora. Por un momento me asusté —típico de mí, ja—, pensé que había pasado algo con la tesis y lo peor de todo es que ya estaba empastada y entregada a unos cuantos. Abrí rápidamente el mensaje que decía: "Clau, necesito que mañana vengas a las conferencias. El chef Enrique Olvera quiere conocerte". Lo habían invitado por parte de la carrera de Gastronomía a dar una conferencia en la universidad. Gabriela se le acercó y le habló de mí y de mi tesis. Entonces, él pidió conocerme.

Me paralicé. Había escuchado de él, de todo lo que estaba haciendo con la gastronomía mexicana a nivel mundial. Me pregunté: "¿Qué querría de mí, de una chica introvertida, tonta y sin fama?".

Al día siguiente me encontré con mi asesora mientras él estaba dando una ponencia. "El que está allá arriba quiere conocerte", me dijo y los nervios me volvieron a ganar. Volteé a ver a mi alrededor; estaban mis compañeros del salón, en los últimos meses de escuela. Me seguía preguntando qué estaba viendo en mí, sabiendo que había otros compañeros que tenían más habilidades, potencial y mayores probabilidades, eran mejores que yo. Como siempre yo no veía mi propio potencial y siempre me hacía menos.

Llegó el momento y Gaby nos presentó. Lo único que pude hacer fue un gesto con la cabeza de "mucho gusto". Mi asesora le entregó el empastado de la tesis y le dijo: "Este es el trabajo del que le he hablado". Él siempre ha sido una persona de pocas palabras, bueno, fue así como lo conocí. Hojeó el trabajo, sacó una tarjeta de su filipina y me dijo: "Mándame tus datos y tu currículum a este correo. Busco jóvenes como tú. Te quiero en mi equipo de trabajo. Vámonos al D. F.". Yo quedé anonadada, así que mi asesora contestó por mí: "Le escribe en los siguientes días. Gracias, chef". Lo único que pude decir fue: "Gracias". Ese día cambió mi vida.

No creí lo que había escuchado y visto. Mi ser no lo asimilaba. Hacía unos días había hablado con los chefs del hotel, habíamos pactado que firmaría contrato formal después de la escuela, ya que solo faltaba un mes y unos días. Estaba en conflicto porque siempre solía cumplir mi palabra y no me gustaba quedar mal. Era Tuxtla o la Ciudad de México, era una cocina hotelera o una cocina de gama internacional, era quedarme en la zona de confort o aventurarme a algo más grande.

Por otro lado, agradecí que antes de finalizar la carrera ya tuviera dos propuestas de trabajo, algo que no muchos jóvenes tienen al terminar la escuela. Gracias a la vida, yo no batallaría en buscar uno, sino todo lo contrario, ahora me tocaba elegir. Siempre he dicho que las oportunidades no se dan a la vuelta de la esquina, y es sí o no. No queda más, no hay vuelta de hoja. Así que tenía que tomar una buena decisión.

"Vete, no lo pienses. Es una oportunidad muy buena. ¡Imagínate trabajar con el chef Olvera!", me dijo mi asesora, quien fue una pieza fundamental para que me pudiera arriesgar. Además, me encargó con Mónica Rovelo, una amiga suya de la capital, para que pudiera llegar a un lugar seguro. Con ello, se armaría la segunda revolución más fuerte en la familia: mi estancia en la Ciudad de México.

El sueño alcanzado

Era de noche cuando llevé la tesis impresa para que le pusieran el empastado, pues debía entregarla al día siguiente (como buena mexicana, jiji). El día anterior había corrido entre las calles para llegar antes del cierre en busca de ese trabajo urgente que el señor de la imprenta se comprometió a entregar. Después de unas horas la espera terminó: por fin estaba en mis manos el documento tan esperado, el símbolo que representaba terminar una carrera y cumplir mi sueño… y el de mi mamá. Contenía la respiración y el llanto.

Para mí era tan perfecta. Miré la portada y temblaba de felicidad al leer: "Tesis que para obtener el título de…". Las lágrimas impidieron que siguiera leyendo. Me decía a mí misma: "Ha valido la pena tanto esfuerzo". Me hubiera gustado gritarles a todas las personas que me retaron y que me dijeron que no podría: "¡Aquí está, la terminé y no estoy ni casada ni embarazada! ¡Escuchen, es una buena tesis, tengo un buen promedio! ¡Lo logré!". Pero lo hice en mis adentros y con ello bastó. Ese pequeño momento lo llevo conmigo como un gran logro, uno deseado desde siempre, desde que era una niña.

Después de cinco años de universidad y trabajar en la tesis, llegó el momento de presentar el examen profesional. En ese día tan importante para mí tuve como compañera a mi madre, doña Verónica. A pesar de que la universidad tenía un reglamento de cómo debía ir vestida a la presentación, yo asistí con el traje regional. "Si estoy hablando de comunidades, si estoy presentando una tesis que está traducida al tsotsil, tengo que presentarme con el traje de mi comunidad", me dije. Sentía la necesidad de hacer honor a todo aquello a lo que había renunciado para evitar la discriminación en la ciudad desde niña: mis costumbres, mi lengua, mi vestimenta, mi identidad. Quienes me veían pasar por los pasillos me miraban con extrañeza, pero cuando la asesora me miró, expresó con alegría: "¡Qué bonita!". También aparecieron otros elementos de mi comunidad: los tres platillos que presenté fueron servidos en vajilla de barro y sobre textiles con esos colores maravillosos que solo los Altos de Chiapas pue-

La vocación y la educación

den mostrar. Todo estaba relacionado con mi cultura y eso fue el preámbulo de lo que seguiría en mi vida futura. Ese día de mi examen profesional volví a conectar con mis orígenes y cultura.

Para ese tiempo ya había asegurado mi llegada a Pujol, quizá eso me daba la fuerza que me impulsaba para completar este importante ciclo de la universidad y cerrar con broche de oro esta etapa de estudiante. Así expuse mis platillos, defendí la tesis y mostré a mis sinodales y a todos mi recetario en tsotsil, en el que compartía mi cultura indígena.

Llegó el momento final, entonces nos pidieron salir para que los sinodales deliberaran sobre la defensa de la tesis. Salí acompañada de mi madre, quien, nerviosa, era la más preocupada por el resultado. Esperamos afuera y después de unos minutos que parecieron eternos se escuchó una voz: "¡Pueden pasar!". Yo temblaba, no sabía si me daría un paro cardiaco, me sentía muy mal. Tenía frente a mí a dos sinodales y a mi asesora. Una de ellas, la directora de la Escuela de Nutrición, tomó la palabra: "La decisión es unánime y te deseamos que te vaya muy bien en la Ciudad de México, porque sabemos que te vas a Pujol. Puedes irte tranquila y ve a poner en alto a la escuela y, sobre todo, ve a enseñarles a todos que tienes todas las habilidades y capacidades para estar a ese nivel. ¡Me encanta que estés defendiendo tus raíces!". En ese momento sentí la satisfacción más grande, me dije: "¡Lo logré!".

Por fin se había cumplido el sueño anhelado. Fui la primera en mi familia en obtener un título profesional y, con ello, nuestra historia cambiaba y nuestro camino se dirigía a una etapa de mucha satisfacción. El corazón de mi madre se llenaba de mucho orgullo, veía en mí la realización de una aspiración que ella no pudo conseguir. Fue el comienzo de romper las reglas que se le imponen a una mujer indígena y que me serviría para enfrentar un camino de muchos obstáculos en la vida profesional.

Unos días después del examen viajé desde San Cristóbal a la Ciudad de México. Entre esos dos mundos tuve solo cuatro días de transición. Después de varias horas de viaje, el nerviosismo, la emoción y el miedo me acompañaban en la gran aventura de llegar a uno de los restaurantes más reconocidos del país: el 15 de diciembre de 2010 pisaba por primera vez Pujol, que ese mismo año fue nombrado el mejor restaurante de México.

Separados pero juntos

El 2010 marcó mi vida de muchas maneras. Fue una revolución en mí, lleno de logros y momentos maravillosos. ¿Recuerdan cuando dije que había perdido la esperanza de ver a mi familia unida? Pues ese año también me regaló el acercamiento de mi familia, obviamente en otra etapa, más grandes y maduros, se hizo el milagro: mis papás separados, pero juntos a la vez.

Cuando llegó la noticia de que me iría tan lejos de mi tierra sola a trabajar a la Ciudad de México a principios de noviembre, mi familia se comportó diferente. Mi padre me advertía que no sería fácil y mi madre, aunque se preocupaba, me impulsó a que siguiera mi camino. Quien más me apoyó fue el segundo de mis hermanos. Él decía que era una buena oportunidad, siempre y cuando eso fuese real. En algún momento me comentó que le preocupaba que estuvieran jugando conmigo. Posiblemente él pensaba esto porque era muy raro saber que a personas indígenas se les diera la posibilidad de pisar espacios tan glamurosos e importantes. Entonces, me propuso que fuéramos a verificar si era real la invitación.

Ambos nos aventuramos para viajar a la capital a finales de mes. Él sabía moverse en la ciudad porque había ido en dos ocasiones por viajes de estudio. Llegamos al lugar y confirmamos la invitación del chef. Regresamos a casa ese mismo día, con mayor certidumbre y con una fecha definida para mi regreso a la Ciudad de México. Después de presentar el examen profesional, viajé el 11 de diciembre para quedarme a vivir en la capital. Esa vez mis papás y mi hermano me acompañaron. Fue muy bonito saber que, aunque no estuvieran de acuerdo con mis ideales, ellos siempre han estado.

Para el 15 de diciembre ya estaba colaborando dentro del grupo del chef. Una semana y media después pude regresar a casa. Se me hizo sorprendente que en un restaurante te dejaran descansar en temporadas altas, pero así lo hace esta empresa. Me fui una semana a casa y por primera vez desde la separación de mis padres celebramos el Año Nuevo juntos. Como recordarán, jamás hubo convivios, y si había alguno era por separado.

El irme fue el parteaguas para el cambio. Creo que el estar lejos los conmovió a todos. Ver el 31 de diciembre a todos reunidos en casa de un hermano fue sorprendente y muy llenador… Hubo muchos abrazos, risas, comidas, juegos, fue uno de los días más hermosos de mi vida. En ese momento agradecí mucho, muchísimo a la vida por tan bello regalo.

La separación de mis padres había sido muy dolorosa, pero con el paso del tiempo me di cuenta de que había sido lo mejor. Poco a poco se acercaron más a nosotros, cada uno por su lado, y la relación fue mejorando. Ellos me dieron el ejemplo de que nada es para siempre y nada es a fuerza. También que cada ser necesita de su espacio y de expresar su sentir. Después de tantos tormentos, ese año cambió todo y empezamos a ser una familia "normal" y unida, donde hablamos de nuestras emociones y compartimos nuestros pensamientos. Esta reunión en 2010 fue el ejemplo perfecto de que el amor se demuestra de diferentes maneras y no necesariamente se tiene que estar juntos.

Chayotes capeados

Aquí ya había evolucionado, ya preparaba platillos más elaborados y ya empezaba a gustarme la cocinada.

Ingredientes

Para los chayotes capeados

- 3 chayotes
- 2 litros de agua
- Queso al gusto
- 1 huevo
- Harina
- Sal al gusto
- Aceite

Para la salsa

- 4 jitomates
- ½ cebolla
- 1 ramita de tomillo
- 2 hojas de laurel
- 70 g de pan blanco
- Aceite
- Sal al gusto

Procedimiento

1. Lavar y desinfectar las verduras.
2. Poner a hervir el agua.
3. Pelar y cortar los chayotes a lo largo con un grosor de 2 cm aproximadamente (por cada chayote saldrán de 4 a 6 láminas, dependiendo del tamaño). Cocer el chayote al punto que se desee.
4. En medio de 2 láminas de chayote poner el queso (la cantidad que se desee); puedes ayudarte con palillos para asegurar o algún hilo de cocina para amarrar.
5. Calentar el aceite para el capeado, batir el huevo hasta espumar, pasar los chayotes por harina y luego por el huevo y freír.

Para la salsa:

1. Sofreír los ingredientes empezando por la cebolla, una vez sofrito todo, agregar un poco del agua donde se cocinaron los chayotes y dejar hervir, una vez cocida la salsa licuar y regresar al fuego para sazonar y espesar.
2. Si gustas puedes introducir los chayotes capeados a la salsa y que hiervan juntos.

Tip:
Acompáñalos con arroz, frijoles de la olla o ensalada.

Capítulo 4

El llamado del chef

Que hable mi trabajo y no mi boca

¿Cómo es que acepté irme a trabajar a la Ciudad de México? Tal vez experiencias de mi niñez y adolescencia, como liderar el coro o cambiarme de secundaria, fueron entrenamientos que hicieron que fuera adquiriendo confianza en mí misma. Me había dado cuenta de que cualquier objetivo que me propusiera, podría lograrlo. Sin duda, todo mi pasado me había preparado para lo que vendría en la capital.

Era una ciudad inimaginable para mí. El estrés de la gente, la violencia de la que escuchaba todos los días y el saber que estaría sola incrementaban mi miedo y la soledad que sentía. En consecuencia, me mantuve en un modo de sobrevivencia por un tiempo.

También, desafortunadamente, viví episodios personales dolorosos. Mi ser estaba hecho trizas, mi confianza, mi valor como mujer estaban hasta el suelo. Al mismo tiempo vivía el machismo y discriminación por mi origen indígena, por ser mujer, por ser joven, por mi estatura pequeña, mi color de piel y hasta por mi procedencia del sur del país. Desde niña había sufrido rechazo, discriminación; que de pronto les doy asco a las personas, que les doy repugnancia. Me habían dicho que era una tonta, que por ser mujer y por ser indígena creían que no podía y no debía estar en ciertos lugares, que no pertenecía a su sociedad. Me repitieron que no tenía derecho a soñar. Lo mismo sucedía en la capital. Escuchaba la comparación que hacían con las mujeres del norte de México, que tenían mayores cualidades comparadas con las del sur, que solo servíamos para ser sirvientas o estar bajo el mando de alguien.

En particular, un individuo fue una piedra en el zapato por algunos meses. Así fue porque yo lo permití, por ese sometimiento cultural, social y personal que yo tenía, pensaba que si le contestaba me pondría en riesgo. Pero llegó el día en que la gota derramó el vaso y me dije: "¡Basta! Estoy cansada del maltrato. No puedo permitir que la gente me trate de esa manera, no puedo permitir que me hagan menos cuando sé que tengo las capacidades y habilidades para hacer cosas". No sé de dónde saqué fuerzas para enfrentar a quienes me hacían menos, que me pisoteaban y que me veían como *nada*, pero me dije que no quería seguir viviendo así. Me asqueé. Fue entonces cuando pronuncié por primera vez una de mis frases más características: "Que hable mi trabajo y no mi boca". Con ello marqué un límite al sometimiento.

En esta etapa de mi vida al final demostré varias cosas. No era la mala del cuento, sino la protagonista. Decían que era una mujer sin valor, y me volví una chingona. De estar en las tinieblas, brillé como las grandes. De que nadie me hiciera caso, todo el mundo puso sus ojos en mí. De creer que era insignificante, me hice gigante. De pensar que era débil, me hice la más fuerte. De ser vista con desprecio, pasaron a verme como la incansable. De que no enseñara nada, ahora me ven como la maestra. Dicen que es preferible hacer que decir, así que elegí construir y ahora soy una mejor versión de mí.

Esta frase me ha acompañado a todos lados a partir de ahí. Entendí que no me puedo poner al tú por tú con la gente, que es desgastante. Además, todos tenemos una forma de ver las cosas y el mundo, ya que depende de nuestras historias de vida. Así que, en lugar de pelear o enfrentarme verbalmente, prefiero demostrar, hacer, que se palpe, que se vea, esa ha sido mi forma de escudarme y salir victoriosa.

Mi tiempo en Pujol

He de contarles que realmente yo no iba a pertenecer a Pujol, de eso me enteré después. Escuché que el chef Olvera buscaba personal porque estaba a punto de abrir un nuevo proyecto en construcción: un ENO. Ya tenía algunos, pero este se pondría en la misma calle de Pujol, en la esquina. A mí me habían contratado para ese nuevo espacio, pero cuando llegué apenas estaban terminando de vestir el local, así que me tuvieron que poner en alguna línea; en este caso, en la de pastelería. Al llegar, me presentaron a mi jefe directo, que era el chef David Müller, él sería el gerente del nuevo ENO. Trabajamos juntos por dos o tres meses más o menos, él me instruía en lo referente a lo que tendría que hacer en el espacio. Era un ser noble y tenía el don del compañerismo, pero entre sus varias ocupaciones y el nuevo espacio casi no estaba. Resulta que tuvieron una reunión para asignar puestos y enlistar al nuevo personal del espacio. Así que yo estaría en esta lista, pero el chef Müller advirtió al chef Olvera que era mejor pieza para Pujol, así que gracias a David pude vivir la experiencia de este prestigioso restaurante.

La llegada tuvo muchas particularidades. Hoy veo este espacio de dos maneras. Por un lado, está el restaurante internacional, famoso, reconocido, muy competitivo, de mucho estrés, de horas y horas de trabajo. Era impactante la velocidad con la que se trabajaba en una cocina de primer nivel, la perfección de las cosas, el equipo de trabajo tan diferente a los que ya conocía, los compañeros con cierta dinámica y disciplina. Antes había trabajado en cocinas de hoteles; el ritmo es el mismo, pero el resultado final es diferente. Este mundo es de mucho cuidado, de usar más técnicas y conseguir siempre presentaciones pulcras.

Por otro, cuando eres una apasionada de la cocina se vuelve un lugar de entrega y de querer aprender más y conseguir más. Te enseña de todas las maneras posibles. Como todos quieren llegar a los puestos altos, la competitividad te reta y te inspira. Realmente estar en estas cocinas es una locura, pero al mismo tiempo, cuando te mueve la pasión, es una verdadera satisfacción.

El honor de ser invitada directamente por el chef Olvera se convertía en una necesidad por aprender y demostrar. Por ello, sentía que debía dejar en alto a todo lo que yo representaba: las mujeres indígenas, mi familia, mi comunidad, la universidad; en conjunto, toda una cultura tan olvidada y muchas veces despreciada. En consecuencia, este fue un espacio desafiante, un espacio que me impulsó a retarme a mí misma si quería estar entre las mejores. Veía el potencial de los demás y el mío no podía ser menor. Usábamos muchas cosas que no conocía, como métodos, técnicas de cocción, tecnicismos e incluso utensilios. Algunos de los compañeros no se tomaban el tiempo de explicarte o regalarte un poco de su espacio; todo es sobre tiempo y correr, así que enseñarle al otro no era parte del juego. Entonces, después del trabajo me ponía a investigar para saber cómo se utilizaría cierto instrumento. Me instruí sola y busqué las mejores formas de armonizar mi estancia en el lugar. Cuando llegué obtuve el puesto de ayudante de pastelería y terminé llevando el área de producción.

La relación con el chef Olvera fue siempre una buena experiencia; quizá no fue de amistad, pero sí de mucho respeto. A pesar de que siempre se mantenía ocupado, pues estaba posicionándose como uno de los mejores chefs de México y del mundo, su trato fue bueno conmigo en todo momento. Cuando el chef estaba en el restaurante y pasaba por la zona donde me encontraba trabajando me saludaba y me llamaba Chiapitas. "¿Chiapitas, cómo estás? ¿Cómo te va? Ya me contaron de tu trabajo, sigue así, lo estás haciendo muy bien". Como esa, fueron varias las veces que pasó y me felicitó por el trabajo. Estas palabras fueron motivadoras, pues venían de alguien que logró ver algo especial en mí. Agradezco a la vida por haber encontrado a quien me abrió las puertas de un restaurante de primera.

En una ocasión me nació compartir los sabores chiapanecos, así que investigué cuándo llegaría el chef al restaurante para presentarle mi propuesta. Me pasé toda una tarde preparando un postre. No recuerdo exactamente cómo fue, pero sí que llevaba tascalate, posh y pozol de cacao. Cuando estaba por terminar su reunión en el comedor, me acerqué y le dije: "¿Habría la posibilidad de presentarle un postre?". Él les pidió a las personas que lo acompañaban que se sentaran, que iban a degustar mi creación. ¡Me dio una pena horrible! En ese momento hasta me arrepentí, pero ya lo había dicho.

Entonces presenté el plato. Recuerdo muy bien que me dijo: "Ese postre no tiene mal sabor, pero en presentación necesitas mejorarlo". Para llevar cinco meses de mi llegada, fue un gran logro. Además, tuvo un resultado que no esperaba: en el siguiente cambio de carta estos sabores chiapanecos se integraron al menú, aunque se sirvieron de manera separada.

Estuve un año en Pujol, todo el tiempo en el área de pastelería, específicamente en el área de producción. Grande fue la experiencia en este tiempo y lo más glorioso que me pudo haber pasado. Esta etapa de mi vida me llevó por un camino de aprendizaje invaluable. El restaurante siempre fue mi escuela, tanto en lo profesional, como en lo personal, ahí fue donde saqué mi lado más rebelde. Competí con todo y con todos, lo que me hizo ser mejor cada día y conocer la otra cara de la cocina. Por eso todo el tiempo lo tengo presente y lo menciono en cada oportunidad. Agradezco el tiempo vivido, tan real y genuino, pues gracias a ello tomé varios puntos y los fui colocando en una lista imaginaria de lo que quería tener algún día en mi propio espacio.

Una joven tsotsil en los titulares

Todo había pasado muy rápido en 2010, cuando me titulé y entré a trabajar a Pujol. No me dio tiempo de disfrutar del orgullo que mi universidad sentía por mí, por haber presentado una tesis magistral, que incorporaba a los pueblos indígenas al mundo gastronómico y que devolvía a la comunidad una forma eficiente y sana para alimentarse. Desde ese año yo ya estaba en los titulares de los periódicos y noticieros estatales. Yo no sabía qué tan inmenso era hasta que regresé de vacaciones ese mismo año y mi familia me presentó el titular de un periódico que ya habían enmarcado: "Joven tsotsil en los mejores restaurantes del mundo". ¡Me sorprendí muchísimo! No cabía en mí la felicidad y al mismo tiempo el compromiso. Además de que no me la creía, seguía en la etapa de todavía no creerme nada, de no valorarme y creer en mí.

Durante mi estancia en Pujol, la universidad se contactó conmigo para decirme que iban a editar el recetario y necesitaban fotos. Les dije que por el trabajo no tendría tiempo, pero en realidad no tenía el valor de pedir permiso y menos siendo el restaurante que era y teniendo poco tiempo ahí. Encontramos una alternativa: el restaurante cerraba los domingos, así que me las arreglé para que un domingo se hiciera la producción. Ahí pude realizar otro de los sueños anhelados, ya que jamás había viajado en avión, sería mi primera vez, y en esta ocasión se presentaría otra de las chocoaventuras más locas de la vida: producir las fotos del recetario en un día.

Volé un sábado por la noche, llegué a casa como a medianoche. Había pedido a mi madre comprar los ingredientes un día antes, así que esa noche no dormí para tener todo listo: alimentos, vestimenta, espacio, entre otras cosas. A las ocho de la mañana del domingo me esperaban los fotógrafos en el mercado. Luego regresamos a casa para las tomas de los platillos y como a mediodía viajamos a San Juan Chamula para las fotos de la comunidad. Regresé al aeropuerto y casi pierdo el vuelo; los de la aerolínea me regañaron, pero lo logré. Ahí me di cuenta de que los siguientes días de mi vida serían de correr y correr, ya que eso también me gustaba. Qué mal por mi cuerpo, pero mi ser lo agradecía, ya que tomaba las decisiones y actuaba. No me permitía pensar o relajarme, porque de lo contrario no pasaría nada.

Para 2012 la Universidad de Ciencias de Artes de Chiapas y la Secretaría de Educación Pública editaron y publicaron el *Recetario chamula:* Ve'eliletik ch'amo. Recuerdo que cuando llegué a la universidad para la presentación ya me esperaban medios de comunicación para hacerme entrevistas. Mi asesora se encargó de cacarearlo por toda la universidad, hasta con el rector, y consiguió que se difundiera muchísimo mi logro. Por supuesto, la escuela se encargó de pavonear que me había ido a la Ciudad de México a trabajar con uno de los grandes chefs del país. Desde 2010 ya era famosa en el estado, estaba en boca de mis paisanos y, sobre todo, en la universidad siempre me pusieron como ejemplo. Imagínense que no solo aparecía en los medios de comunicación por haber pisado Pujol, ahora más con la edición del recetario. Además, no solo los medios estaban detrás de mí, también alumnos que querían conocer a la famosa chica que tanto presumía la escuela.

Para esas fechas ya había visto cómo el chef Olvera se desenvolvía ante la prensa, y para mis adentros decía que era una chambota. Pues resulta que, sin pedirlo, me estaba enfrentando a lo mismo. Recuerdo haber dicho lo siguiente a alguno de los medios:

> Las enseñanzas de mi pueblo forjaron mi carácter, a los tsotsiles nos reconocen por nuestra gran dedicación al trabajo y por el arraigo a nuestras tradiciones. Este recetario es una conjunción de ambas características, pues concluí mis estudios en Gastronomía con la intención de rendir tributo a mi herencia cultural y al acervo culinario de mi pueblo. Mi tesis fue un recetario de platillos ricos y nutritivos para ser preparados en cocinas ecológicas, opción más saludable que el típico fogón de leña utilizado normalmente en las comunidades indígenas. Mi propuesta fue enseñarle a la gente otros métodos de cocción, así como otra manera de preparar la comida cotidiana con los ingredientes que tienen a la mano.

A veces pensamos que hay golpes de suerte, pero para conseguir lo que se desea alcanzar se necesitan sueños, deseos, trabajo y rebeldía. Nunca imaginé cómo cambiaría mi vida, yo solo me rebelé a los mandatos culturales, seguí mi instinto y mi vocación cuando sentí el llamado de la gastronomía, aunque la semilla estaba sembrada desde muy niña en la cocina de mis abuelas.

La tormenta

Cuando me fui a vivir a la ciudad más grande del país tenía un noviazgo de algunos años, que para la gente de mi alrededor, de acuerdo con los usos y costumbres, ya era un compromiso. Esto para la comunidad significaba que se conformaría un matrimonio, papel que toda mujer debe cumplir, mandado por la sociedad y la familia. Era una relación que se suponía estaba bien cimentada y que habíamos platicado para mi regreso, pero el 21 de julio de 2011, el día de mi cumpleaños y medio año después de que llegué a la Ciudad de México, recibí una noticia que me paralizó: el tipo afirmó que me estaba engañando. Bonito regalo, ¿no? El hombre que prometió esperarme a mi regreso, con quien estaba "comprometida" y por quien tenía sentimientos muy fuertes, sin más explicación se esfumó.

Mi mundo se vino abajo y no solo por el rompimiento. No sabía cómo darle la noticia a mi familia, principalmente a mi madre. Los usos y costumbres eran muy marcados para las parejas y una vez que tenías una relación formal, como mujer perdías tu valor. Además, no podía pasar otra ruptura en la familia y menos en una mujer.

No podía regresar porque me encontraba a la mitad de mi estancia en Pujol y era difícil ausentarme por varios días. Y como yo estaba en la Ciudad de México, en la colonia se armó un chisme en donde se decía que había sido yo quien lo había engañado y no al revés. Entonces mi reputación quedaba en mal ante la gente que me conocía.

No solo era el chisme, sino que entraban los usos y costumbres, así que también se decía que como mujer ya no tenía valor, que estaba sucia, que nadie más se fijaría en mí y, para acabarla, que yo tenía toda la culpa por el simple hecho de haberme ido. Haber decidido tomar esa oportunidad me hizo la mala del cuento, cuando eso ya lo habíamos platicado y se supone habíamos llegado a un acuerdo. Pero bien dicen por ahí: "Amor de lejos, amor de…".

Por cuatro años me ahogué en mi dolor y soledad, me deprimí y me hundí por mucho tiempo porque sentía que por todos lados me golpeaban. Justo para olvidar y para mantenerme ocupada, me refugié en el trabajo, donde también me iba mal. Restaurantes como Pujol y Máximo me caían como anillo al dedo, porque podía estar muchas horas del día dedicada a la cocina y buscando pretextos para quedarme más tiempo. Recuerdo que me decían: "¿Ya terminaste?, ya vete". Y pensaba: "¿A qué me voy al departamento? Puedo seguir aquí y estar al pendiente si falta algo". Yo solo quería evitar estar sin hacer algo y, sobre todo, no quería pensar ni sentir.

Sin embargo, de estos episodios fuertes aprendí que, aunque sientas que tu mundo ha colapsado y veas que todo está en tinieblas o te sientas perdido o perdida, siempre habrá una luz al final. Esa luz hay que usarla a nuestro favor, ya que se transforma en enseñanza y aprendizaje. El refugiarme en el trabajo me entrenó para ser mejor profesionista. La depresión me enseñó que está bien llorar y sentirlo, pero que soy más rápida levantándome. Cansarme de estar hundida me impulsó para tomar las riendas de mi vida y decidirme a emprender.

El llamado del chef

Máximo Bistrot

El tiempo pasó rápido y la meta estaba cumplida, la estancia de un año había terminado. Estaba por regresar a Chiapas en diciembre de 2011, cuando mis compañeros del restaurante me organizaron una cena de despedida. Decidimos que fuese en el famoso restaurante Máximo Bistrot.

Yo quería conocer al chef Eduardo García, porque todos mis compañeros hablaban de él de forma especial. "Si estuviera Lalo, ya te hubiera corregido", "Si estuviera Lalo ya te hubiera despedido", solían decirme. Yo no sabía quién era, pero al parecer todo el mundo lo amaba y lo respetaba mucho. Él había pasado algunos años colaborando en Pujol y tenía apenas unos meses de haber comenzado con su propio restaurante.

Esa noche en la cena nos atendió el chef Lalo personalmente. Cuando lo conocí, se me hizo muy coherente lo que decían de él. Todos lo saludaron con respeto y admiración. Sin duda, durante su estancia en Pujol dejó una huella muy importante. Éramos como 15, así que al vernos nos dijo: "Ya no tengo nada de la carta, pero tengo varias cosas en el refrigerador, si ustedes me lo permiten les voy preparando platos al centro para que compartan". Para nosotros no fue molesto, sino todo lo contrario.

En algún momento de la noche el chef Lalo, que conocía a varios del grupo, les comentó que necesitaba a alguien para el puesto de pastelero o pastelera. En ese tiempo este restaurante estaba en el proceso de levantarse y en la línea de lo dulce faltaba apoyo. Una sola persona se encargaba de dos líneas, la pastelería y la fría; era demasiado. Por lo tanto, quería saber si había alguien que estuviera desocupado y deseara incorporarse a su equipo en Máximo Bistrot. La única que estaba desempleada en ese momento era yo.

Entonces el chef me preguntó: "¿A qué te vas a Chiapas? ¿Ya tienes trabajo seguro? ¿Te vas a casar?". Le dije que no sabía, que no tenía trabajo, que iba a empezar a buscar y que simplemente quería regresarme a casa. Me ofreció quedarme con él; que podía tomar el tiempo que fuera para decidir si quería quedarme e incorporarme a su equipo. "Tú ve a las fiestas decembrinas y regresa el 7, el 15 o el 30 de enero, pero que no pase de esa fecha", me dijo. Fue impactante para mí que otro chef reconocido, y más Lalo, me estuviera invitando a trabajar con él. Así, se convirtió en mi segundo jefe en la Ciudad de México.

A partir de ese momento, comencé a planear todo. Después de que tenía todo acomodado para regresar a Chiapas, lo desacomodé. "Vine de vacaciones unos días, me regreso a trabajar a la Ciudad de México", anuncié al llegar con la familia. Pasaría unos días con ellos, arreglaría algunos asuntos en San Cristóbal y tomaría de nuevo mi maleta llena de nuevos sueños por cumplir.

A inicios de 2012 entré a trabajar con el chef Lalo en el restaurante Máximo Bistrot, a dos meses de su apertura. No estuve mucho tiempo con él, pero lo que vi en esos ocho o nueve meses fue suficiente para aprender y contagiarme de su pasión. Es un chef hecho a sí mismo. Comenzó lavando platos y fue creciendo en varios restaurantes que le aportaron sazón a su pasión. Fue un milagro.

Era increíble su resistencia y entrega, lo cual se podía ver en su rutina. Iba a las tres o cuatro de la mañana a la Central de Abasto y llegaba al restaurante a hacer producción. Para cuando yo entraba, a las 7 a. m., él ya tenía ciertos ingredientes seleccionados en la cocina para postres. Me decía: "Lo quiero muy casero, sencillo, pero bien presentado". Entre las once y la una dormía un poco para reponerse y regresar al servicio de la comida. Cantaba comandas y se encargaba de la línea caliente. Esperaba a sacar el último plato de su línea y nuevamente ocupaba el *break* para dormir. Para el servicio de la cena, de igual manera esperaba hasta el último plato de su línea y se iba. Siempre fue muy introvertido…

Había conocido a varios cocineros, algunos de ellos apasionados por la perfección, por tener una excelente cocina, por tener un lugar en las listas nacionales e internacionales, pero Lalo fue, en el tiempo que trabajé con él, la persona con más chispa al cocinar. Un hombre apasionado, un cocinero entregado a lo que le gusta, que cuida de su espacio y de su equipo, que siempre pone el ejemplo y es constante. Era un verdadero ejemplo de respeto, primero a sí mismo al mantener firme su objetivo y conservar el concepto que buscaba, y sobre todo respetando a su equipo. Un gran ser humano.

Los meses que viví en Máximo Bistrot también tuvieron sus momentos difíciles. La depresión que vivía hizo que mi salud comenzara a resentirse y empeoró cuando me refugiaba cada vez más en el trabajo para no pensar. Esa actitud tarde o temprano me cobraría una factura muy grande.

Por fortuna, como muchas veces, la vida me tenía reservadas personas especiales que me acompañarían en esas etapas difíciles. Una de esas personas que conocí en este mismo espacio fue mi compañera Blanca Bernal. Yo necesitaba el apoyo de alguien y Blanca supo dármelo. Estuvo conmigo en mis momentos más fuertes, tristes y desgarradores. Ella se volvió como otra madre para mí. En esos momentos me sentía como una niña chiquilla, perdida, sin rumbo, y ella me sostenía, me sentía protegida. Hasta me hizo parte de su vida, me invitaba a convivir con su familia, me hizo parte de ella, vivimos momentos hermosos, incluso me ofreció quedarme en su casa. "Donde comen dos, comen tres o cuatro", me decía. Incluso con su hija bromeábamos con que éramos hermanas. Se lo agradezco muchísimo.

Durante esos meses en que aprendía y me contagiaba de la pasión del chef Lalo, llegó rápidamente un límite para mí en ese lugar. Mientras intentaba dejar atrás algunos sinsabores de mi vida personal, deseaba refugiarme en los colores y sabores. Como lo dulce parecía enamorarme, tenía la idea de especializarme en la panadería y pastelería. "Vete a donde puedas aprender más de lo que quieres y necesitas", me dijo el chef Lalo un día. La intención fue siempre motivar a que buscara mi propio camino, mi crecimiento como persona y como profesional de la cocina.

Un día los chefs de Duo Salado y Dulce llegaron al restaurante y desde la línea el chef suizo David Müller le dijo a Lalo: "Ahí está mi repostera". Volteé y solo sonreí. Días después, Lalo me puso la mano en el hombro y me dijo: "No sé cuánto hay que cobrar por ti". En ese momento no entendí, hasta que Müller me mandó un correo preguntando si me incorporaría en su equipo de trabajo, que me estaba esperando. Otra vez tenía que tomar otra decisión. Lalo era lo máximo, pero si quería seguir mi sueño de pastelera tendría que irme. La decisión fue tomada y me veía inaugurando Duo con los chefs, los dueños.

Máximo fue el espacio que me arropó, me motivó y terminó de inspirarme como cocinera. Una frase del chef que recuerdo y guardo conmigo es: "La magia está en la comida, en el trato, en el amor que se pone en cada platillo". Al igual que mis compañeros, se ganó mi respeto; aplaudo su trabajo. Aprendí de él la relevancia de hábitos como ir al mercado, escoger tus ingredientes, utilizar los productos del día, actividades que yo consideraba importantes desde tiempo atrás y las apunté en una nota mental para aplicarlas si algún día abría un local propio. Sin duda, fue una referencia importante para cuando emprendiera ese sueño. Estas y otras razones hicieron que él fuera mi inspiración, mi motivación, mi maestro y un ejemplo de vida. Siempre lo voy a decir: estoy muy agradecida con el chef Lalo.

Duo Salado y Dulce

El tercer restaurante en el que trabajé en la Ciudad de México es propiedad de dos chefs y grandes seres humanos: él suizo, David Müller, y ella oaxaqueña, Estefanía Robles. Entré a Duo Salado y Dulce a finales de 2012, donde superé mis propias expectativas en lo profesional, pero tuve que aprender mucho en la parte personal, sobre todo en la emocional.

Fue otra etapa de aprendizaje, pues ellos empezaron desde cero. Veía cómo se desenvolvían, cómo se organizaban, cómo nos llevaban a nosotros como equipo y cómo día a día iban progresando. También veía el estrés, el trabajo intenso e inmenso de un restaurante nuevo. Fue mi escuela para más tarde abrir el mío.

Era un espacio para unas 40 personas; me gustaban mucho los colores. Ofrecíamos dulce y salado, como bien lo decía su nombre, al estilo europeo y oaxaqueño a la vez. Era una combinación rara pero deliciosa.

Comencé en el área de repostería y panadería. Las creaciones del chef eran perfectas, hacíamos de todo un poco. Durante mi estancia estuve en todo: pastelería, técnicas, chocolatería, panadería. No es fácil encontrar a un chef que se especialice en más de un área y que lo haga bien, pero David era un maestro en todas las áreas. De él aprendí que debía saber de todo, por si en algún momento hacía falta. Ello me brindó la oportunidad de ampliar y refinar mis habilidades en la cocina y en otras áreas del restaurante.

Después de meses me quedé encargada de la cocina, con un equipo muy pequeño de cinco integrantes. Conforme el espacio se daba a conocer, teníamos más trabajo. Vi cómo crecía, hasta que llegué a ser encargada del restaurante, aunque solo por un periodo de año y tres meses. Este último puesto no duró mucho, pero saber que los chefs me tenían la confianza era de agradecérselos.

Yo aguantaba el tremendo ritmo de trabajo que me había impuesto por dos años, a pesar de sentir dolor y padecimientos de salud, pero no hacía caso a las señales. Había bajado mucho de peso, mi ser estaba desequilibrado, mi pensar y sentir solo se enfocaban en poder resguardarme en el trabajo, sin darme cuenta de que el trabajo también me estaba matando. Siempre desde niña me aferré a las actividades e incluso a las personas que estaban cerca como salvavidas, como soporte. Hasta que un día llegué al punto del colapso físico y emocional, en el que mi mente y mi cuerpo se sincronizaron para detener el tremendo ritmo de trabajo que por dos años me había impuesto y esa inercia de descuido a mi propia salud.

Al parecer la vida me ha puesto en los lugares donde puedo sostenerme en mis momentos más críticos y me lleva junto a personas destinadas a aportar algo importante en mi vida. Este fue el caso de los chefs David y Estefanía. Ella se dio el tiempo de ayudarme con lo que me pasaba y me tomó de la mano para llevarme en busca de la ayuda que necesitaba, tanto a nivel físico como emocional. De ella aprendí la parte humana, la empatía.

Terminé mi estancia tanto en el restaurante Duo Salado y Dulce como en la Ciudad de México a finales de 2013. Después de tres años de mi huida a la gran ciudad, tenía que regresar a mi tierra. Mi idea era quedarme al menos cinco años y de ahí buscar alguna oportunidad en Europa para conocer más técnicas, equipos, bases en panadería y pastelería, fortalecer lo aprendido y luego volver a poner algo propio. Pero la vida me la jugó de una manera distinta: la situación en casa no iba bien porque mis papás enfermaron, los dos. El resto de la familia me decía que si solo esperaba a ir a despedirme de mis padres en un cajón o que si ellos terminarían yendo por mí en la misma circunstancia. El verlos tanto a ellos como a mí en una etapa crítica me hizo volver a casa.

La decisión fue muy fuerte para mí, pero la mejor. Me enorgullece que mi trabajo ejemplar; las muchas horas extra que dediqué por encima de las que debía estar laborando; mi respeto por la cocina, ingredientes y conceptos que, si bien no eran propios, eran parte del equipo al que yo representaba, todo se tradujo en un prestigio que fue construyéndose durante esos años en la capital. No sabía que la vida a mi regreso me traería regalos y retos mucho más grandes, y para ello primero tendría que repararme a mí misma para la gran aventura.

Calabazas rellenas

Este platillo nació a partir de mi tesis profesional y ha sido uno de los platillos estrella del restaurante.

Ingredientes

- 6 calabazas redondas
- 3 pzas. de chorizo
- 1 plátano macho maduro
- 150 g de cacahuate
- 500 ml de leche
- 100 g de crema
- Sal al gusto
- Hojas para ensalada

Procedimiento

1. Lavar y desinfectar las verduras.
2. Poner a hervir el agua con sal.
3. Cortar a la mitad las calabazas y quitarles la pulpa. Reservarla y cocinar los cascos de la calabaza.
4. Cortar el plátano en cubos pequeños y picar la pulpa de la calabaza.
5. En una sartén, sofreír el chorizo. Cuando esté bien sofrito, agregar la pulpa de la calabaza y al final el plátano. Mezclar perfectamente y rectificar sazón.
6. Licuar el cacahuate, la leche y la crema. Una vez que se obtenga una salsa tersa y ligera, llevar a fuego hasta obtener una consistencia espesa.

Montaje

Rellenar las calabazas con la mezcla del chorizo y salsear con el cacahuate.

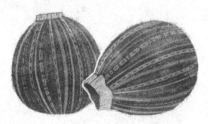

Tips:
Cuidado con la sal, ya que hay chorizos que vienen muy condimentados. Prueba antes de sazonar.

Acompaña con ensalada o arroz si así lo deseas.

Capítulo 5

Me obedezco a mí misma y a mi proyecto

Xluchomaltak

Cuando regresé a Chiapas, noté que mi estancia en la Ciudad de México había cambiado mi perspectiva de lo que quería en la vida, así como le pasó a mi mamá al migrar del pueblo a San Cristóbal. De inmediato comencé a abrirme puertas en diferentes campos y comenzaron a llegar diversos proyectos, como si estuvieran esperando mi regreso a Chiapas. Uno de los primeros fue el ámbito textil.

Cuando trabajaba en la Ciudad de México porté filipinas bordadas. Yo veía que llamaban la atención y gustaban a mis compañeros. Al principio lo hice para mí, pero cuando fui explorando maneras de conectar con Chiapas y compartirlo, pensé en llevarlo más allá. Comencé en los ratos "libres" a trabajar en un proyecto que disfruté mucho, pues en mi corazón vive una gran artista. Al regresar a mis tierras lo concreté. En

2014 nació Xluchomaltak, "bordados" en tsotsil, una marca que se encarga de diseñar y bordar a mano filipinas y accesorios para chefs.

Siempre he estado orgullosa de mi procedencia, siempre he dicho que Chiapas tiene una gran riqueza, es por ello que buscaba todas las formas y maneras de darlo a conocer. El proyecto de bordados que emprendía no era la excepción. Pensaba que poner un grabado en la prenda de los chefs también era manifestar nuestra riqueza. Me imaginaba que en algún momento Chiapas tendría mucho eco de manera gastronómica y las filipinas y accesorios para chef eran el pretexto. Son una herramienta importante para las cocinas y, sobre todo, una forma de lucir elegante.

Comencé a trabajar con artesanas de las comunidades cercanas. Sus diseños eran únicos y siempre pensando en el bienestar de todos y todas. Yo elaboraba los empaques, que eran reciclados, desde cero: encontré el cartón perfecto, hice las medidas, los forré y cada uno de ellos llevaba en el borde un detalle de la comunidad de donde pertenecía el bordado. Además, el logotipo iba bordado por mí y yo iba a los mercaditos a promocionarlos.

Todo llevaba guiños muy marcados, pero con mi esencia. Siempre me ha gustado hacer las cosas bien, con mi toque y, sobre todo, que sea único. Esta marca me llevó a explotar mi creatividad.

Así comenzó mi propio camino, mi primer proyecto de vida e independencia, lleno de telares, hilos y color, manteniendo mi corazón de chef, tejiendo sueños como siempre lo he hecho. Lo que aprendí de niña comenzó a florecer en mis manos, uniendo dos de las artes que con el tiempo he llegado a dominar y compartir: el diseño de ropa y la cocina.

Me obedezco a mí misma y a mi proyecto

El embarazo

Me incorporé a trabajar en un hotel y cafetería. A la par, me llamaban a diferentes espacios y empresas para ayudarles con el tema de lo dulce. A la gente que probaba y veía lo que hacía le gustaba, así que me encaminé a perfeccionar todo para después abrir mi propio restaurante. En uno de aquellos proyectos gastronómicos y de colaboración con diversos grupos y personas llegó a mi vida quien se convirtió en mi mejor amigo, mi mentor, mi cómplice, Santiago Landois.

Un año atrás, cuando se enteró de que se publicaba mi recetario, buscó la forma de localizarme. Cuando logró contactarme, me pidió que lo apoyara en un evento que se realizaría en Ocosingo, Chiapas. Él estaba en la Comisión Nacional para el Conocimiento y Uso de la Biodiversidad (Conabio), donde hacían eventos deportivos, de reforestación y ambientales. Me pidió que hiciera una muestra gastronómica representando a la zona de la selva de Chiapas en diciembre de 2013.

Era mi primer evento sola, un evento que coordinaría desde cero. Había colaborado en eventos como este en otras empresas en las que trabajé, pero sola se me hacía algo muy retador. Él, sin embargo, muy tranquilo, me decía: "Confío en ti y sé que lo harás de maravilla". Eso sí, era súper exigente; le gusta que todo salga a la perfección. A decir verdad, a mí también, lo cual ayudó a que todo fluyera entre los dos. A ello se sumó Ivette, su esposa, con quien tengo una relación estrecha de sincera amistad y colaboramos en diferentes proyectos desde entonces.

Algún día le pregunté confundida: "Oye, Santi, ¿por qué me ayudas? ¿Qué ves en mí?". Yo tenía mi autoestima hasta los suelos, no era capaz de ver el gran potencial en mí. De hecho, para esas fechas aún no comprendía del todo por qué me habían llamado a Pujol... estaba muy perdida. En esos momentos todo pesaba, la situación cultural, el género, mis raíces, mi estado emocional y mi historia de vida. Me impulsaba y me decía: "¿No funcionó? Otra vez, ya aprendiste, la segunda va a ser mejor". Era mi *coach* sin decirlo y sin acordarlo. Él fue y sigue siendo mi maestro, amigo y mi sostén.

Él fue una pieza importante para mi transformación y sanación. En cada evento siempre pensaba en mí y me impulsaba para que aprovechara las redes de comunicación, ahora que yo estaba en el ojo, según su visión. Yo no sabía cómo, no era lo que buscaba, pero ya estaba inmiscuida. Él veía el potencial que yo tenía, sabía por qué invertía tiempo para mí.

Un día llegué a su casa, él estaba con Ivette, y les dije: "¡Estoy embarazada!". Era una forma de expresarme porque nacería mi primer hijo, mi primer espacio formal: el restaurante. "Estoy muy orgulloso de ti. Sabía que un día te arriesgarías y hoy me compruebas que mi ojo no me falla. Eres alguien que hace las cosas diferentes, que se apasiona por lo que hace. No te has dado cuenta de la joya que eres, simplemente hay que pulirte. Yo te puedo ayudar, pero quien va a pulirse eres tú misma. Te irá bien, ya verás, no será fácil, pero tienes todo nuestro apoyo".

En cada momento de mi vida han llegado personas que me retan, así como mi papá en su momento, aunque de manera inversa; Santiago incluso me motiva para que mi restaurante un día pueda tener una estrella Michelin. A pesar de que esos reconocimientos han llegado a México, no a Chiapas, pero él insiste en que me siga preparando para hacerlo posible.

Desde que nos encontramos, Santiago y yo no nos soltamos y, a raíz de lo que fuimos trabajando, nuestra amistad se ha hecho muy fuerte. Incluso ahora, independientemente de que la distancia sea muy extrema y nos dejemos de hablar por temporadas, sabemos que estamos el uno para el otro.

Aunque me sorprendió mucho la propuesta, yo argumentaba no tener la experiencia necesaria para llevar un restaurante y, sobre todo, no tener dinero. Sabía que necesitaba muchísima inversión y apenas podía establecerme. Mi ser me abordaba con sentimientos y emociones encontrados: me imaginaba con el restaurante puesto y los ojos me brillaban; luego recordaba que mis bolsillos y mi cuenta bancaria estaban en ceros y me desanimaba.

De regreso a casa recorrí las calles de San Cristóbal pensando qué hacer. Era la oportunidad que estaba esperando, era momento de hablar de gastronomía chiapaneca, era momento de que la gran riqueza del estado se conociera. Entonces tomé la decisión.

Cuando le hablé a mi familia del proyecto, les expliqué que quería poner un restaurante con las características de presentar comida tradicional, así como empezar a promover la economía local. Después de explayarme muy animada, mi padre exclamó: "¿Quién va a querer comer comida indígena?". A esa respuesta se sumó el desinterés de mi familia. Decían que pensara en otro giro, algo que el turista buscara —la primera economía de Chiapas proviene del turismo—. Dentro de mí me decía: "Por eso, eso es lo que busca". Me decepcioné completamente, pero algo me decía que tenía que insistir.

A los pocos días, Víctor me volvió a contactar para preguntarme qué había decidido. Dije que sí, aunque nunca me cuestioné cómo o cuándo. El miedo me invadió, pero eso no me frenó, sino todo lo contrario, fue la fuerza que necesitaba para demostrarme y demostrarles a todos que podía con eso y más. Simplemente fue por instinto, por pasión, venía del corazón. Recuerdo esos sentires en mi cuerpo, la confusión y al mismo tiempo la emoción, la alegría y el miedo, la sorpresa de lo que la vida me regalaba y al mismo tiempo me retaba, era un torbellino y no podía con él.

Me obedezco a mí misma y a mi proyecto

Nace el bebé

Durante el año en que trabajaba para otras empresas, la idea de mi proyecto se externó, la panadería y la repostería fueron mi fuente de inspiración y poco a poco fue adueñándose de mí. Me dio mucho coraje ver el trato hacia mí, cuando estaba dando todo; me harté. Llegó el día en que mi rebeldía salió a flote y decidí ya no trabajar para nadie más, decía que sería mi propio jefe y como veía que lo dulce era redituable, decidí emprender mi propia empresa, aunque tuviera mucho miedo.

Había visto, compartido con chefs y conocidos los emprendimientos de ellos, pero jamás me imaginé que a temprana edad haría el mío. Digo *temprana edad* ya que según yo hasta que pasara los 40 podría tener un negocio propio. Había visto y escuchado que otros colegas así lo hacían. Pensaba que a esa edad ya tendría experiencia, dinero y, posiblemente, ya me gustaría la cocina salada.

Me puse a buscar un local para iniciar en forma con la pastelería propia, pero no fue tan fácil como imaginaba. Un día, Víctor, un amigo que tenía un restaurante en el centro de San Cristóbal, se comunicó conmigo y me comentó: "Te tengo el local perfecto, ven a visitarme". Dentro de la visita salió una propuesta: "Aquí puedes adecuar la pastelería y, por medio del restaurante, promovemos tus postres". La opción era perfecta, la acepté, pero días después volví a recibir otra llamada de Víctor, diciéndome que le urgía hablar conmigo. Al llegar a la cita, me propuso que me quedara con el restaurante: "Tengo dos restaurantes y ya no los puedo llevar. Quiero proponerte que te hagas cargo de uno de ellos. ¿Qué te parece que en este local pongas el tuyo, ese del que tanto me has hablado?".

Me obedezco a mí misma y a mi proyecto

El sueño lejano se veía más cerca. Y qué curiosa es la vida, una haciendo planes, soñando con el futuro, segura de lo que va a ocurrir, de lo que va a pasar y un día te dice: "Calma, el camino no es hacia allá, es por acá".

Mi ser pensaba y creía que el sueño dorado de abrir la pastelería era un proyecto muy pequeño y sin tantas complicaciones. Solo buscaba un local pequeño para exponer los postres y el resto lo haría en casa. Además, no necesitaría de algún ayudante en ese momento, ya que estaba acostumbrada a jornadas largas y a *camotizas* extremas. De todas formas, ya lo hacía: trabajaba para una empresa de 7:30 a. m. a 10:30 p. m. (los cocineros sabemos que no es real) y llegaba a casa a cocinar panes y postres que vendía a comercios chiquitos, como cafeterías, hamburgueserías, torterías, etcétera; por ahí de las tres o cuatro de la mañana me dormía para repetir el ciclo al día siguiente. Me acostumbré por meses a esa rutina que de cierta forma me gustaba.

Posiblemente así lo veía porque ya lo hacía y porque era lo que me apasionaba en ese momento. Ingenua yo. También creo que por eso mi familia no quería ayudarme con el restaurante, porque decían que estaba loca. Mi papá me decía que dejara de trabajar tanto, ya que no tenía a quién mantener, pero como siempre he dicho: creo que me gusta la mala vida.

Por otro lado, el local tenía un par de retos. Tenía que compartir espacio con el otro negocio de Víctor, un canta-bar. Por las mañanas sería el restaurante y por las noches el bar. Nunca me imaginé las complicaciones que esto conllevaría; si ya tenía a mi familia encima, ahora se venían otros dos problemas más, el adecuar el restaurante y saber convivir con el equipo de las noches. Posiblemente la situación era caótica, pero una de las cosas que tengo es que una vez que tomo una decisión, ya no doy vuelta atrás. Seguía sintiendo en lo más profundo de mi ser que estaba haciendo las cosas bien.

Después de la plática con mi familia pedí a mis papás que me apoyaran con su nombre para pedir préstamos. Ya mi papá me había ayudado con uno para la pastelería, pero cuando le dije que necesitaba una cantidad más grande, casi se infarta. Me decía que no íbamos a poder pagarlo, pero mi seguridad pudo más. Entonces se generó ese préstamo muy rápido.

Víctor me había comprometido ya con el restaurante y la fecha de inicio estaba cerca. Recuerdo que él me habló a finales de mayo y a principios de junio yo corría como loca para obtener todo antes de que terminara el mes. Fue todo un reto tener decoraciones, loza, menú, personal, adecuar el espacio, etcétera. Porque, eso sí, la señorita quería todo relacionado con la cocina tradicional y hablar de los pueblos originarios. Así que le pedí a un primo que construyera un fogón, busqué a las artesanas de Amatenango para conseguir la loza y a las tejedoras de Zinacantán para los caminos de mesa, fui a San Juan Chamula a adquirir objetos de decoración y le hablé a Adriana, una amiga que se dedicaba a hacer libretas artesanales, para que me hiciera la carta, en la cual estaba plasmada la cruz de San Juan Chamula. Sin coche para poder trasladar todo, conseguía convencer a mi padre, quien aún manejaba, para que me apoyara para transportarlo o me iba en los transportes públicos. Compré cierto equipo, escribí la carta, les hablé a Cris y a Paco —mis excompañeros de trabajo— para que fuesen parte del equipo. ¿Ustedes se imaginan haciendo todo eso en un mes? Fue una locura.

El 4 de julio de 2016 ya teníamos las puertas abiertas con el nombre Los Candiles, que se le puso en un primer momento por compartir espacio con el bar. No pensaba inaugurar, pero amigos me decían que era necesario y me convencieron. Al final hice la inauguración el 17 de julio, a unos días de mi cumpleaños número 29. El restaurante se llenó. De mi familia solo fueron unos cuantos: mis abuelos maternos, mi madre y mi hermana, quienes observaron lo que hacía y cómo lo hacía.

De repente me veía y me preguntaba cómo antes de mis 30 ya tenía un restaurante. Para mí fue el mejor regalo de cumpleaños que había tenido. Ese día fue de mucha adrenalina y terminé creyendo que todos los días serían iguales, pero no fue así. Lo que me sorprende es que el proyecto ya estaba escrito en lo más profundo de mi ser, sin que me diera cuenta, solo necesitaba despertarlo. La revolución venía en camino. Sé que fue una locura, pero ha sido la locura más grande y satisfactoria de mi vida. Como siempre lo he dicho, ya estaba escrito, solo necesitaba despertarlo y dónde aterrizarlo.

Presiones

La preocupación de mi padre por el dinero era fuerte. Un día llegó y me dijo que tenía seis meses para que el restaurante redituara y poder pagar las deudas; un nuevo reto y angustia para mí. No solo tenía la presión de la sociedad, sino también la de mi padre. Entonces, me encaminé a promocionar el restaurante.

El equipo y yo comenzamos a visitar espacios ligados al turismo. Cuando presentaba el proyecto se mostraban interesados, pero cuando llegaba la pregunta: "¿Quién es el dueño?" y se enteraban de que era yo, una mujer joven de un pueblo indígena, nos negaban sus servicios. "Muchas gracias, no estamos interesados", "Ya tenemos nuestros restaurantes". Nos daban las gracias. La discriminación, el racismo y el clasismo volvieron este proceso muy doloroso para el equipo.

A esta lucha de todos contra mí se sumaba la de mí contra mí. Había momentos en que también flaqueaba y me preguntaba por qué lo hacía, si valdría la pena, si era mejor trabajar para alguien más. ¿Por qué batallaba de esa manera, si nadie me lo pedía? Pero mi ser decía: "¡Hazlo!". Y nació en mí el poder para luchar por mi hijo. Porque para mí el proyecto es mi hijo y, como la mayoría de las madres, pelearía con uñas y dientes para su aceptación y su bienestar.

No iba a dejar que mataran mis sueños así porque sí. No iba a dejarme vencer sin antes dar batalla. No iba a permitir que mi voz y mi trabajo se apagaran de nuevo. Ya estaba muy cansada de tanto rechazo, discriminación, clasismo, de que no creyeran en mí, de que siempre me tiraran de loca, de dudar de mi potencial. Ese fue el momento de mi transformación. Creer en el proyecto fue la clave para iniciarlo.

Es sorprendente cómo en lugar de desistir, creó una dosis de fuerza, de empoderamiento para aferrarme más a lo que quiero y amo. Soy una mujer resiliente, una mujer que demuestra las ganas que tiene de hacer lo que desea, que es alcanzar sus sueños.

Quizá buscar aliados turísticos no era la clave. No obstante, personas clave para el desarrollo del proyecto empezaron a llegar, personas con filosofías poco comunes, pero que se enlazaban perfectamente a la mía, personas que con su granito de arena pusieron el trabajo del equipo en la mirada del mundo.

Los primeros aliados en llegar fueron los integrantes del equipo. Jóvenes que creyeron en el potencial y mi labor. Todos ellos han dejado huella con su trabajo, capacidades y habilidades y un pedacito de sí mismos en este gran proyecto. Llegaron para aprender, para trabajar, incluso llegaron para enseñar. De igual manera, comenzaron a llegar personas que creyeron en el proyecto, que con solo probar los sabores o ver nuestro trabajo se involucraron para fortalecernos. Posiblemente en ese momento los externos no lo veían, pero para el equipo su presencia estaba ayudando.

Me obedezco a mí misma y a mi proyecto

Kokono'

A finales de 2016 ocurrió algo sorpresivo para el proyecto. En diciembre, el espacio pasó por completo a nuestras manos. ¡Por fin tenía un local para nosotros solos! Era el momento adecuado para tener todo completo y hablar de los objetivos del proyecto. Para mí todo era importante, incluso el nombre. Desde un inicio quería que hablara de los pueblos originarios y en mi lengua materna, pero como compartíamos el espacio físico, no se había podido. Así, cuando me dejaron el local al 100%, hice la revolución cambiando nombre, decoración e incluso horarios.

Me pregunté con qué nombre me gustaría referirme a mi hijo, ¿con qué nombre quería que la gente lo conociera? Hice una lista con elementos, objetos, ingredientes o algo referente a la gastronomía. Recuerdo que en primer lugar estaba *ixim*, que significa "maíz", pues creía que iba bien, ya que la mayoría de las preparaciones se basaba en este ingrediente. Como ya existía un espacio de diseño gráfico con ese nombre, lo descarté porque no quería que lo confundieran. El nombre, que es la pauta para el reconocimiento de un proyecto, tenía que ser único, como todo lo que se genera dentro de él y su esencia.

Formalmente nació Kokono', un nombre que se anhelaba desde el primer día de su nacimiento y que en una de las variantes del tsotsil significa "epazote". Como se sabe, esta planta es muy importante en el ámbito gastronómico y medicinal en el país, y en nuestro estado también. Poner en el mapa una palabra indígena, en nuestra lengua, era una manera de realzar mis orígenes y luchar por que no se pierda una parte tan fundamental del pueblo, que es su lengua. Además, es fácil de pronunciar.

Recuerdo que bajamos el letrero del nombre anterior, lo reusamos y yo misma escribí Kokono' sobre él. El 17 de diciembre reinauguramos el espacio con el nuevo nombre y con cambio de horarios: ahora ofrecíamos comidas y cenas. Desde ese momento, todo se acomodó y ahora sí era un restaurante formal.

La primera en creer

Aunque al inicio mi familia no creía en el proyecto, la realidad es que nunca me dejó sola. Es solo que nunca han estado de acuerdo con mi forma de hacer las cosas ni de pensar. Mis padres buscaban la manera de que tuviera una vida menos complicada y más cómoda, tomando en consideración nuestro origen, más aún por ser mujer. Su sueño era que me dedicara al magisterio o a algo que realmente diera un sustento económico. Querían protegerme de los grandes retos que enfrentaría y, sobre todo, de la posibilidad de terminar poniendo en juego mi persona. Desarrollar un proyecto grande y con objetivos fuera de lo común los sobrepasaba. Sin embargo, al final lo hicieron y como pudieron aceptaron mis decisiones.

Pero lo que ellos no veían era que me movía algo más grande, que mi rebeldía nos sacaría de nuestra zona de confort y que nos enfrentaríamos al mundo por medio de lo que a mí me llenaba y gustaba. Posiblemente era un proyecto loco, fuera de serie para mi entorno; todo indicaba que llevaba las de perder y que me enfrentaría a un sinfín de obstáculos, pero eso es lo que me motivaba. El ser diferente conlleva a enfrentarse a muchas cosas; vuelvo a reafirmar: *me gusta la mala vida*, pero en un sentido figurado, porque lo que hago es un trabajo que a muchos inspira, mueve y llena.

Me obedezco a mí misma y a mi proyecto

Mi hermana Tere fue la primera que creyó en lo que hacía y en mi proyecto un año después de la apertura; veía los resultados y el esfuerzo que le ponía y dijo: "¡Va! Yo sí le entro". Ella fortaleció mucho mi caminar, pues ha sido una pieza fundamental. No solo ayudó en la parte moral, sino también en la parte económica. De hecho, hubo un tiempo en el que ella, viendo las condiciones del restaurante, me apoyó para poder pagar las quincenas de los chicos, para completar rentas y cosas de ese tipo.

Luego le siguió mi mamá. Muchas veces la invité a que cocináramos, pues anhelaba en un momento poder hacer algo juntas. Siempre me decía que no, hasta que accedió. Se involucró no en la operación del restaurante, pero sí en las experiencias que se hacían en el pueblo, en acompañarme a las salidas, conferencias, tomas de fotos o en otros espacios. Recuerdo cuando me tocó ser parte de su primera experiencia en avión cuando viajamos a la Ciudad de México para la toma de fotos de la revista *Forbes*. Vi la emoción en sus ojos, su nerviosismo en las manos, pero el orgullo con el que portaba nuestro traje. Mis abuelos se preguntaban si en algún momento conocerían de cerca al pájaro grande que pasaba sobre la casa y había veces en las que mi mamá contestaba que no sabía. Ellos ya no pudieron subirse a uno, pero mi madre sí, y eso es reconfortante.

Los hombres de la familia también han estado conmigo, no en la operación, pero sí al pendiente de otras formas. A pesar de que nuestro pensar y sentir no son iguales, la familia está y ha estado. Eso lo agradezco.

Hamburguesa de lentejas

Este fue de los primeros platillos que empezamos a introducir en el restaurante, pensando en las dietas vegetarianas y en que los niños tuvieran otra opción de sabores en una hamburguesa.

Ingredientes

- 500 g de lentejas
- 4 zanahorias grandes
- 2 calabazas italianas
- 2 plátanos machos
- 1 cebolla mediana
- 2 dientes de ajo
- Sal al gusto
- Pimienta al gusto
- Pan para hamburguesa
- Lechuga
- Jitomate

Para la vinagreta

- 100 ml de aceite de oliva
- 30 ml de vinagre blanco
- Cilantro al gusto
- Sal
- Pimienta

Procedimiento

1. Lavar y desinfectar las verduras.
2. Cocer las lentejas con un cuarto de cebolla, 1 diente de ajo y sal. Una vez cocidas, escurrir.
3. Cortar en juliana (tiras delgadas) la cebolla restante, calabaza y zanahoria.
4. Cortar en cubos pequeños el plátano.
5. Picar el diente de ajo.
6. Sofreír la cebolla y el ajo hasta que estén transparentes, agregar la zanahoria, el plátano y la calabaza. Una vez cocidas las verduras, agregar las lentejas, machacar y hacer tortitas.
7. Teniendo las tortitas del tamaño que gustes, dorar en una sartén o comal.
8. Para la vinagreta licuar todos los ingredientes.

Montaje

Untar la vinagreta sobre el pan, acomodar la tortita, jitomate en rodajas y lechuga.

Tip:
Puedes agregar aguacate u otros ingredientes que te apetezcan.

Capítulo 6

Mostrar Chiapas al mundo

Sabores chiapanecos

El proyecto como primera cara es el restaurante, pero en realidad reúne un abanico de objetivos que tienen su raíz en mi caminar, mi experiencia, mi forma de expresar mi arte; es un proyecto integral. El primero a implementar es dar a conocer la gastronomía tradicional, compartir al mundo los sabores y la riqueza de Chiapas.

Mi preocupación de que no se conociera la gastronomía chiapaneca era muy fuerte. Sabiendo que hay una gran riqueza y que el principal mercado es el turismo, era ilógico no compartir sus sabores. Cuando salía del estado, siempre preguntaba a las personas si conocían la comida de la región y solían contestar que solo ubicaban el tamal o la sopa de chipilín y el pozol de cacao.

Otra razón que me motivó a promover la cocina tradicional fue que, cuando estudié Gastronomía, en la universidad enseñaban cocina mexicana y dentro de ella dos platillos chiapanecos, cuando había muchos más. Creo y pienso que las escuelas deberían tener una materia especial referente a la gastronomía local, poner énfasis en lo propio. En todas enfatizan las técnicas francesas, ya que son la base de la gastronomía profesional, pero también es importante sobreponer la gastronomía local, sobre todo en un estado tan turístico como Chiapas. Siempre he dicho que el cocinero primero debe conocer sus raíces y después adentrarse a lo demás.

Un fin importante para mí es contagiar al chiapaneco para que valore y comparta la grandeza que existe en nuestro estado. Deseo que en algún momento en los espacios turísticos ofrezcan sabores locales, usen los ingredientes locales, preparen alimentos de temporada, oferten lo que ahí se tiene sin tanto traslado de alimentos. ¡El visitante se puede ir con muchos sabores chiapanecos en su paladar!, solo así se cerraría el círculo que el visitante busca.

Enaltecer a los pueblos originarios

La mayoría comemos por comer, por saciar una necesidad, pero sin saber si realmente lo que se ingiere es bueno para nuestra salud y desarrollo. Por eso, constantemente cuestiono: ¿somos conscientes de nuestra alimentación?, ¿qué nos llevamos a la boca?, ¿quién lo está produciendo?, ¿cómo lo está produciendo?, ¿en realidad nos está nutriendo?, ¿en verdad es un alimento limpio y bueno? Estas preguntas dejan a mucha gente pensando.

En cambio, las bases de la cocina tradicional tienen conexión con todo. El agradecer a la Madre Tierra para poder sembrar, el permiso que debes pedirle, el proceso que se lleva para la siembra, la cosecha, el respeto y la conexión que hay alrededor

Mostrar Chiapas al mundo

y contigo mismo. Al presentar un platillo, se puede reconocer de qué pueblo es, porque trae la esencia, el ingrediente de esa región. No solo es poner un plato sobre la mesa y que se vea bonito, presentable. El platillo expresa más: cultura, tradiciones, generaciones, procesos de conexión, historia y más... por eso el alimento es vida, es medicina.

¿Sabes qué tan importantes son los pueblos originarios para la sociedad? ¡Muy importantes! Nosotros resguardamos 80% de la biodiversidad del planeta. Sin embargo, nos despojan de todo lo que poseemos, porque realmente hay riqueza en ello. Se extrae, se transforma, se monetiza y solo gana un pequeño grupo de la población, mientras que los demás nos quedamos sin nada. Nos quedamos sin agua, sin tierras, perdemos nuestra gastronomía, entre otros elementos.

En nuestra cultura, todo se basa en el respeto hacia todos y en la conexión con todo. Los abuelos decían que era un valor importante, pero a la naturaleza le hemos perdido el respeto desde hace años. Desde que alguien se apropió de las aguas para su beneficio, ocupó tierras más de lo debido por la ambición, generó contaminación con plástico, hizo a un lado las temporalidades para la producción masiva de muchos productos con tal de hacer dinero para ciertos bolsillos, implementó técnicas para hacer más rápido las cosas para el acomodo de muchos, pero para la muerte de otros... La hemos dañado tanto que ahora ella lo grita con el cambio climático, ella nos habla y nosotros no hacemos caso, y lastimosamente le echamos la culpa a ella cuando toda la culpa la tenemos nosotros.

Aunque ahora se padece, estamos trabajando para que lo que aún queda persista. Gracias a los conocimientos que nos fueron transmitidos de generación en generación, los pueblos originarios conservamos muchas técnicas y métodos que hemos implementado para que el planeta no colapse. Usamos métodos ancestrales para la curación, el tipo de alimentación es clave, el estar conectados con la Madre Naturaleza es esencial. Es nuestra casa, nuestro hogar, y tenemos que cuidarla, pues si ella colapsa, los que desapareceremos seremos nosotros, ella seguirá evolucionando.

Quienes desean conservar, proteger y están preocupados por la Madre Tierra tendrían que voltear a ver nuestras técnicas y principios para nuestra sobrevivencia. Así como cuidamos de nuestra casa o cosas así, cuidemos nuestro hábitat, que es de todos y para todos. Empecemos a curar a nuestra Madre Tierra.

En el restaurante hablamos de todo ello, es importante. Transmitimos a nuestros visitantes el valor que tiene nuestra Madre Tierra, desde cada ingrediente, desde la persona que nos provee, hacer conciencia de ello también es una tarea. La educación ambiental es otro tema y es un trabajo muy grande y fuerte. En nuestra cocina no usamos marcas comerciales o procesados, con colorantes o congelados. Las personas se pelean con nosotros por no tener su bebida favorita que mata y daña a la Tierra. Nos dicen que no somos un buen restaurante porque no tenemos marcas comerciales, y mientras unos nos aplauden, a otros les da igual y muchos más nos dicen que estamos locos.

Apoyar a los pequeños productores

Otra de las cosas que me preocupan es que el consumismo nos ha llevado a que generemos gigantes en el mundo. No solo eso: seguir las modas, el estar a la par de alguien, entrar en los juegos del ego contribuye a que estas grandes cadenas sigan creciendo. Y con ellas, sus malas prácticas.

Los pesticidas, químicos, procesados, congelados ¡nos matan! ¿Cuántas enfermedades no se han generado debido a ellos?

Nuestras tierras se han contaminado, nuestra Madre Tierra está enferma y, por consiguiente, nosotros. Por eso es importante hacer conciencia de una buena alimentación, ya que ahí se enlazan muchos temas, como la salud, el medio ambiente, la pérdida de ingredientes, entre otros.

Si queremos que todos tengamos derecho a una alimentación buena y limpia, tenemos que frenar a los gigantes, dejar de consumirlos. ¿Cuántos alimentos naturales no se han sustituido por sabores artificiales? ¿Cuántos paladares efectivamente ya no conocen los sabores reales de un alimento? Si seguimos así, las nuevas generaciones ya no conocerán una zanahoria real, porque la probarán encapsulada. Los alimentos reales quedarán en la historia y nuestro mundo se transformará.

Cuando solía acompañar a mi mamá al mercado escuchaba siempre la frase "¿Cuánto es lo menos?". Cuando fui creciendo me molestaba cada vez más. Las personas que no tienen contacto con el campo piensan y creen que los campesinos tienen una varita mágica con la que aparecen los alimentos y así satisfacen las necesidades de la sociedad. Por eso busco dar valor al trabajo y a ellos como personas. Me interesa educar a la población respecto a la producción del alimento, que todo lleva un proceso, tiene un ciclo de vida y conlleva mucho trabajo, conocimiento y paciencia. No porque la gente esté en contacto con la tierra es malo, *de tontos* o *de pobres*, sino todo lo contrario: es una ciencia, y gracias a los campesinos todos tenemos en la mesa un platillo para comer. Hacer conciencia de la importancia de la producción de nuestro propio alimento nos llevará a entender que no es fácil hacer una producción masiva en el campo. Como dice el principio del movimiento Slow Food: "Ellos son gigantes, pero nosotros somos multitud".

Buscamos que el producto sea 100% chiapaneco, desde el alimento hasta la decoración, algo que reforzamos cada día.

Tampoco asistimos a los supermercados; vamos todos los días al mercado a hacernos del producto. Casi 60% de la producción viene de los pueblos originarios de los Altos de Chiapas, otro porcentaje es de la cosecha de mamá, de ahí en fuera del resto del estado. Nos interesa consumirles a productores que tengan la misma filosofía que nosotros, y afortunadamente a nuestro alrededor ha crecido el número de personas que buscan una mejor calidad de vida, así que hacemos alianza con ellas. Entendemos el ciclo de la vida, así que usamos productos de temporada. Anhelamos un día tener nuestro propio espacio donde podamos generar la mayoría de nuestro producto.

Oportunidades para jóvenes indígenas

Como ya conté en otros capítulos, a finales de la carrera tuve que trabajar y estudiar al mismo tiempo para sostenerme en Tuxtla. Cuando me acercaba a las empresas para pedir una oportunidad, me contestaban de primer momento que tenía que decidir si trabajaba o estudiaba, las dos cosas no se podían; y lo segundo era tener experiencia. Siempre me pregunté cómo tendrían experiencia los jóvenes si no se les daba la oportunidad...

Con mi proyecto busco que mi restaurante sea un espacio para arropar a jóvenes que trabajan duro para alcanzar sus sueños, que tengan las ganas de sobresalir, de que su vida se torne diferente. En particular, me interesa apoyar a aquellos que vienen de otras comunidades indígenas, pues yo misma viví lo fuerte y complicado que es el cambio de entorno. Como muchos de ellos llegan a la ciudad sin conocer a nadie, siempre busco que su estancia sea lo más placentera posible. La idea es que la empresa se acomode a los horarios de los chicos y no ellos a la empresa, y fortalecerlos con experiencia para que, cuando se vayan, tengan con qué defenderse. También trato de encontrar la manera de crear becas para que la parte económica no les afecte tanto.

Antes del restaurante veía cómo la vida de los jóvenes con los que trabajaba se esfumaba en un abrir y cerrar de ojos, algo que en lo particular me dolía. Es por ello que busco la manera de poder poner mi granito de arena, pero siempre con la autorización de ellos, jamás imponiendo. Siempre que los entrevisto les pregunto qué quieren en la vida, pero muchos de ellos y ellas no saben, así que buscamos la manera de encaminarlos a descubrir sus capacidades y habilidades. Mientras se desarrollan como meseros, cocineros o el puesto que ocupen, los observo para ayudarles a descubrir sus gustos, a forjarse metas, a tener una vida más libre. Creo que desarrollar su habilidades, conocer sus capacidades y saber lo que les llena es el enfoque principal para el desarrollo de la juventud. Por ello, considero que el espacio es una escuela.

La mayoría de los jóvenes que llegan no sabe nada, pero los instruimos para que desarrollen sus capacidades, y no solo en el ámbito restaurantero, sino en lo que a ellos les gusta. Sí, como en todo hay momentos en los que se nos va de las manos, pero es parte del aprendizaje, trabajamos en ello, pulimos y seguimos. ¡Uf!, ver chicos de temprana edad sacando la chamba y al mismo tiempo que el comensal se vaya maravillado no tiene precio. Qué pago tan más llenador saber que nos ponían calificaciones de cinco estrellas cuando yo no estaba; entonces decía: "Mi trabajo está hecho. Ellos y ellas son capaces de eso y más porque llevar un restaurante famoso no es cualquier cosa". A los jóvenes les gusta saber que contribuyen a algo, y con el tiempo se dan cuenta de que aportan muchísimo.

Hubo gente que posiblemente me odió, me amó, me hizo parte de su vida, y yo la nombro como mi familia. Ellos cuidaban de mi hijo y de mí, y yo de ellos, era mutuo. Realmente la relación que tenemos las y los jóvenes y yo es muy fuerte. No solo soy la cabeza del proyecto, hago el papel de madre.

Siempre agradezco el paso de cada uno, sin importar que fueran semanas, meses, años, todos han aportado algo, incluso si la relación no hubiera terminado bien. Todos estuvieron en el tiempo perfecto. Para mí es grato saber que cuando se van, ya han trazado una línea de vida, que has contribuido en ellos; me gusta enterarme de que han logrado cosas importantes, que han subido de puesto, que se enfrentan a retos y no se quedan en la conformidad, que luchan por un sueño. Agradezco que me hayan permitido adentrarme en su vida, que me permitieran ser su maestra, que se dejaran guiar. Sobre todo, agradezco a la vida el permitir que se den cuenta de que tienen derecho a llevar su propia vida y que tienen todo el potencial del mundo para alcanzar sueños.

Posiblemente para muchos esto que implemento en el espacio sea una locura, pero en realidad pienso en el bienestar de cada uno y evitar que su vida se pierda por no saber qué hacer o se vayan por el camino fácil. Y si es una locura no me importa, porque lo estoy haciendo en mi espacio, en mi tiempo y con mi vida. De esta manera es como por más de ocho años he conseguido que jóvenes vibren a través de la cocina, a través de la filosofía, a través de su historia.

Actuar en comunidad

Todos en la vida hemos pasado por situaciones difíciles y cuántos de nosotros quisimos que alguien estuviera ahí para ayudarnos. Siempre he dicho que el tenderle la mano a alguien no te quita nada, sino todo lo contrario. Sin embargo, muchos de nosotros a veces tenemos la posibilidad de contribuir, pero nos cuesta soltar. El egoísmo o la individualidad han hecho que la sociedad se olvide de los demás. Cada uno está en su derecho, pero también es importante la contribución. Pero esa contribución tiene que ser del corazón, algo que no cueste, algo que no duela; solo ser más humanos, ser más empáticos.

A raíz de mi caminar, la empatía fue creciendo mucho más hacia los demás. Hay situaciones en la vida que me marcaron, fueron muy dolorosas y las padecí tanto que me hubiera gustado que alguien estuviese a mi lado, que me tendiera la mano o incluso por un momento me regalara una sonrisa para alivianar las penas.

Llegué a la conclusión de que si está en mis manos hacer menos pesada la carga o por lo menos aliviar por un momento la situación de alguien, ya es ganancia. Siempre estoy pensando en el beneficio de los demás, no solo en el mío, siempre lo he compartido, lo aprendí de mis raíces, actúo en comunidad. De hecho, uno de los elementos que distinguen a los pueblos originarios es la colectividad. Siempre se piensa en los demás, no es el beneficio de uno solo, sino que se busca que todos terminen ganando. Entender que somos parte de la sociedad es fundamental, hacer equipo es lo ideal.

Mi restaurante busca ser una empresa distinta y hacer la diferencia con valores: un espacio más humano. Posiblemente romantice mucho o los sueños de ser mejores humanos sean inalcanzables, pero también sostengo que todo cambio está en el ejemplo. A diferencia de muchos que predican, pero no obran, yo he hecho ambos. Por ejemplo, siempre tuve la motivación de poder guiarme a mí misma y a otras mujeres, mostrando que podíamos alcanzar sueños, buscando herramientas que nos ayudaran para tener un futuro distinto, y claro que lo he logrado. Es esa la razón de la frase "que hable mi trabajo y no mi boca": busco desde el ejemplo difundir que se puede, cuando se quiere.

Vok-ich con pollo

Este platillo representa a los pueblos originarios y lo hemos compartido en diferentes espacios. Fue de los primeros que pusimos en la carta. Un platillo muy sencillo, pero con mucho sabor.

Ingredientes

- 1 gallina o pollo
- 500 g de masa nixtamalizada
- Epazote al gusto
- Cebolla
- Jitomate
- Sal al gusto
- Chile de árbol

Procedimiento

1. Lavar y desinfectar las verduras.
2. Cocer la gallina con la cebolla, el jitomate y aromatizar con el epazote. Sazonar.
3. Una vez cocida la gallina colamos el fondo (caldo) para hacer nuestro vok-ich.
4. Para el vok-ich, diluir la masa en el caldo de gallina empezando con litro y medio de caldo. Llevar al fuego sin dejar de mover; nos quedará como un tipo atol. Rectificar la sal y el epazote y agregar más de ser necesario.
5. Si sientes que está muy espeso agrega más fondo y deja hervir por 20 minutos aproximadamente. Una vez que se obtenga una consistencia ligera, agregar las piezas de pollo.
6. Dorar los chiles en una sartén o comal.
7. Servir decorando con el chile y unas hojas de epazote.

* La receta original es: masa + agua + sal + epazote + chile.

En este caso no agregamos el chile porque no todos comemos picante, por eso sugerimos ponerlo aparte.

Tip:
En lugar de pollo podemos agregar huevo (semejante a los huesos ahogados), chícharos, hongos, vegetales, etcétera.

Capítulo 7

El reconocimiento

Nadie es profeta en su propia tierra

Conocí a los doctores Helda Morales, de Guatemala, y Bruce G. Ferguson, de Estados Unidos. Cuando nos visitaron, conocieron nuestro proyecto y nos invitaron a colaborar con ellos, ya que buscaban a alguien que sirviera las comidas de un diplomado que impartían y al que mi hermana asistía en El Colegio de la Frontera Sur (Ecosur), en el área de investigación y agroecología. Ella les comentó de mi emprendimiento y se interesaron. El evento era de tres días y sucedía cada mes. Sin embargo, incluso con las comidas mensuales del diplomado, las entradas aún no eran suficientes. Lamentablemente el dicho "nadie es profeta en su propia tierra" se demostraba con nuestra labor, pues fue difícil que los locales nos aceptaran. La gente de San Cristóbal sabía de nuestra existencia, pero decían que no nos conocían. Había deudas que pagar y solventar muchas cosas, pero era un buen inicio y mostraba un buen augurio.

Sin embargo la misión de la pareja no quedó ahí, ellos comenzaron a invitar a amigos extranjeros residentes en la ciudad; también llevaban al restaurante visitas internacionales cuando tenían eventos en la escuela. Sus recomendaciones eran constantes y en aumento y, por consiguiente, las de sus invitados, quienes invitaban a más gente. Ellos fueron los primeros que creyeron en nosotros, personas de fuera, personas que valoraron y siguen siendo pieza fundamental del restaurante, personas que en un inicio llegaron como comensales y ahora se han hecho parte de la familia.

Las visitas cada vez se hacían más grandes y constantes, de repente el espacio se empezó a llenar de extranjeros, quienes a su vez recomendaban a otros visitarlo. Cada vez que preguntábamos cómo se habían enterado del restaurante, contestaban que había sido por recomendación. Dicha difusión entre visitantes alegraba al equipo, ya que su trabajo comenzaba a hablar. Eso fortaleció y posicionó al proyecto. Kokono' fue ganando renombre entre los extranjeros que visitaban o radicaban en Chiapas y buscaban lugares místicos, experimentar las maravillas naturales con las que cuenta el estado y probar un menú diferente a lo tradicional que ofrece San Cristóbal.

Por el contrario, los que sí mostraban interés en el trabajo eran las revistas europeas, que comenzaron a llegar para entrevistarnos. Primero una polaca, luego una francesa, después una italiana, entre otras. Marissa Revilla, del *Global Press Journal*, también nos entrevistó. Aparecían reportajes en diferentes idiomas hablando de la grandeza del trabajo, de ese trabajo que se hace desde el corazón. A partir de los reportajes en las revistas, más extranjeros buscaban el restaurante para conocer la comida y su historia. Poco a poco los turistas nacionales comenzaron a llegar a este pequeño, pero interesante lugar del que se hablaba

El reconocimiento

por sus platillos y por mí, una mujer indígena que se atrevía a innovar en la cocina.

Recuerdo cuando llegó Marissa, quien comentó que quería hacer una nota sobre nosotros por el Día de la Mujer y que lo que hacíamos se le hacía muy interesante. O cuando llegó Ola, la polaca que nos había visitado tres veces y en la tercera ocasión pidió conocerme y preguntarme si podía entrevistarme. Accedí y meses después nos compartió la nota. Los chicos preguntaban qué decía, porque obviamente no sabemos polaco, algo que nos causó mucha risa, pero al mismo tiempo nos sentíamos satisfechos porque nuestro trabajo hablaba.

Desde 2017 empezamos a figurar. De repente ya no eran entrevistas, ahora eran charlas y conferencias, y no solo en el medio gastronómico, sino también en cuanto a inclusión de pueblos originarios, empresarial, motivacional. Vinieron invitaciones a intercambios de cocinas, celebrar aniversarios, momentos especiales, talleres, visitas a universidades, o a promocionar las cocinas de otros colegas.

Así, empezamos a movernos a los diferentes estados del país y Kokono' comenzó a llenarse de reconocimientos, regalos, premios, revistas, periódicos, donde el restaurante, el equipo y yo figurábamos. Fue una travesía que marcaba mi vida y la de los allegados confirmando que *el que quiere, puede*.

Sin imaginarlo y tampoco pedirlo llegó la fama para nosotros y de la nada el nombre de Kokono' y el mío estaban por doquier, una fama que nos sorprendió y al principio no supimos controlar y nos abrumaba. Para el equipo fue demasiado complicado porque no conocían de cámaras, de micrófonos, había que invertirle tiempo también a ello. A pesar de que yo ya había pasado por cocinas muy importantes, donde veía a los chefs dar entrevistas, posando para las fotos, revistas, medios de comunicación y listados, cuando se está en el ojo del mundo no es nada fácil.

Recuerdo cuando era niña, que soñaba con viajar por el mundo, y de adolescente quería un título universitario, pero no tenía en mente ser dueña del mejor restaurante, ni ser una chef famosa. Yo solo quería dar a conocer la cocina chiapaneca, quería que el restaurante fuese famoso, pero ingenuamente quería que solo el espacio pudiera ser famoso y la dueña estuviera tras bambalinas. Los objetivos eran otros, eran muchos, menos tener fama. Cuando llegó no supe qué hacer, me superó.

Eso sí, ahí fue cuando la frase "que hable mi trabajo y no mi boca" se estaba confirmando. Habíamos cumplido. Si bien había mantenido durante 29 años una rebeldía que me impulsó hacia los proyectos cumplidos, a pesar de las miles de veces que recibía un "no", "no puedes", "no debes y no podrás", "estás loca" o un "no nos interesa", el trabajo de calidad, honesto, humano y comunitario que había desarrollado me ha permitido tener la admiración y el respeto de algunos de los chefs más importantes del mundo. Así comenzó el camino que he tenido que recorrer a pesar de mí misma, pues mi introvertida personalidad me dificulta en ocasiones avanzar con pasos firmes y seguros hacia donde el trabajo y entrega en el restaurante nos fue llevando, hacia donde el proyecto y la rebeldía nos fueron guiando.

El movimiento Slow Food

Meses después, Helda y Bruce llevaron al consejero nacional de Slow Food a conocer el proyecto. A raíz de su visita, el consejero me invitó a formar parte del movimiento, pues ambos trabajábamos con la misma filosofía. Helda y Bruce hasta hoy han

El reconocimiento

estado en cada paso que damos, cada triunfo que poseemos y cada logro que obtenemos, por ello he de considerarlos como mis padrinos de la patadita de la buena suerte.

Slow Food es un movimiento mundial sin fines de lucro que, bajo la filosofía *bueno, limpio y justo*, busca hacer una revolución a base del alimento. Trabaja en tres ejes principales: defender la diversidad biológica y cultural; educar, inspirar y movilizar al mundo que nos rodea; influir en los responsables públicos y en el sector privado. Integra comunidades que buscan el mismo objetivo, sin importar la formación o edad que tengan, y se clasifican en grupos dependiendo el tema que abarcan: indígenas, jóvenes, productores, cocineros, migrantes, mercados de la tierra, baluartes, mueven al mundo. Realizan proyectos y campañas de activismo siempre en torno al alimento, como Descoloniza tu comida, Arca del gusto, Coalición del Café, Terra Madre, Disco Sopa, entre otros.

En ese entonces el consejero nacional decía que no había un solo restaurante que cubriera más de 80% de los lineamientos de Slow Food, hasta que conoció el nuestro. Ahora entendemos por qué su fascinación. Desde sus orígenes el proyecto es integral y desde la cocina tradicional conserva los conocimientos de los abuelos y busca transmitirlos de diferentes formas. Por eso, encajamos tan bien con ellos: Slow Food es la plataforma ideal para cumplir nuestros objetivos. Cuando inicié, creía que era la única loca haciendo esto, pero cuando los conocí en el evento Terra Madre encontré un aliado perfecto y el respaldo que necesitaba. También, el movimiento me dio la oportunidad de darme a conocer entre sus aliados a nivel nacional y, gracias al trabajo, la chispa y la entrega también me abrió puertas a otros espacios, con otros colegas y en otros países. De ahí en adelante hemos ido de la mano, buscamos hacer una revolución referente al buen alimento.

Una visita inesperada

En 2017 llevaba un año más o menos con el restaurante cuando vivimos una experiencia que definitivamente cambió nuestra vida para siempre. Si bien no fue de inmediato, en ese momento se sembró la semilla, y años después llegaría la cosecha de un fruto que no esperábamos, pero que hace justicia a los años de trabajo que le habíamos invertido en el difícil camino de la gastronomía.

Recibimos la llamada del chef Neto, mi maestro en la carrera, quien nos invitó a participar en un recorrido culinario y nos acompañó durante toda la visita. Buscaban a alguien que ofreciera una experiencia gastronómica en San Juan Chamula a uno de los mejores chefs del mundo. René Redzepi, dueño de uno de los mejores restaurantes a nivel global: Noma, ubicado en Copenhague, y ganador por varios años de este reconocimiento. Venía recorriendo varias zonas del sur del país con su equipo. Entre ellos se encontraba la mexicana Rocío Sánchez, quien trabajó algunos años en el restaurante Noma y tenía su taquería en la capital danesa. También los acompañaba Santiago Lastra, que ahora es un chef mexicano muy reconocido y que trabajó un tiempo también con el chef. La experiencia consistió en llevar a los invitados a San Juan Chamula, un poblado que está a media hora del centro de San Cristóbal. Les mostramos lo que quedaba en la milpa para que conocieran dónde comienza el proceso de crecimiento de los alimentos y después nos dirigimos a la casa para comenzar con la preparación de los platillos más sobresalientes del pueblo en una cocina tradicional.

Se realizó una degustación de cinco platos típicos de la cocina indígena. El chef Redzepi estaba fascinado, pero lo que más le sorprendió fue lo joviales que éramos tanto la tía, mi mamá y

El reconocimiento

mis primas, pues decía que nos veíamos más jóvenes de la edad que teníamos. Le explicamos que era debido al tipo de alimentación y al manejo de los insumos, ya que en el pueblo se come de una forma muy natural y poco procesada. Lastra fue nuestro traductor, pues nosotras no dominamos el inglés.

Al terminar la experiencia regresamos al centro de San Cristóbal, en donde ellos tendrían otra experiencia. Pensé que, al llegar a San Cris, ahí terminaría mi labor, pero no fue así. El chef René me invitó al recorrido que les habían preparado y también a la cena. Acepté con gusto y aproveché para llevarles de obsequio el recetario, ya que todo el equipo se marcharía por la tarde del día siguiente.

Durante la cena y con ayuda del chef Santiago, Redzepi quería saber más de lo que hacía y qué otros proyectos tenía. Ahí me di cuenta de que no sabía nada de mí ni de mi restaurante, ni que tenía un recetario o que ya tenía un camino recorrido. Les platiqué que hacía un año había abierto mi restaurante, cuál era su concepto y lo que hacemos ahí. Sorprendido preguntó: "¿Por qué nadie me había dicho nada?". En ese momento pidió que cancelaran el desayuno que tenían al día siguiente diciendo: "Nos vamos a desayunar con ella". Para mí fue como un balde de agua fría.

¿Por qué estaba aterrada? Llevábamos poco tiempo con el restaurante, había cerrado ese día para llevarlos a San Juan Chamula, nos habíamos quedado sin insumos, uno de los colaboradores se había ido y le había pedido a una amiga que me ayudara como mesera esos días. Le tuve que rogar a mi madre para que me ayudara a cocinar. Estaba temblando horrible.

Tuve que madrugar y pasar temprano al mercado. Llegué lo más rápido que pude al restaurante y preparamos de todo y dimos un servicio para chefs famosos, como el que había visto en los espacios donde había trabajado. Fue un desayuno muy curioso y al mismo tiempo muy especial.

Kokono' de una mujer rebelde

Esa mañana en la cocina del restaurante Kokono' se creó la magia y el maíz fue el ingrediente que salvó el desayuno: dobladas, tamales, vok-ich, atoles, café, entre otros platillos que se pusieron en el centro de la mesa para que los compartieran. Todos estaban muy impresionados con toda la riqueza que puede haber en el maíz como base de la comida mexicana.

Trataba de vislumbrar la reacción de Redzepi desde la cocina, pero veía muy poco. Casi al finalizar, pidió conocer al equipo que había preparado ese maravilloso desayuno, así que volví a la cocina. Mi madre se negaba a salir, pero logré convencerla y las presenté a ella y a mi amiga. El chef quedó sorprendido de las pocas personas que éramos, muy poca gente para lograr todo lo que hicimos.

Antes de marcharse del restaurante Kokono', el chef Redzepi me dijo muchas cosas hermosas. Me agradeció todas las experiencias compartidas, esperando que algún día volviéramos a coincidir. Que le encantaba lo que hacía, porque reafirmaba la importancia del trabajo y la labor que estábamos haciendo. Que estaba orgulloso de mí, por ser una mujer y además originaria, por lo que era mucho más el peso que la labor tenía. Nos deseó lo mejor para el proyecto, que pronto pudiera cosechar los frutos del trabajo y que siguiera adelante para visibilizar a la comunidad, pues el que no fuera valorada en la ciudad de San Cristóbal o el estado de Chiapas era algo muy injusto. Me pidió que siguiera luchando por mi pueblo. Por último, me regaló su libro; él y todo su equipo lo firmaron.

Ellos se fueron muy contentos, yo me quedé en shock. Ya había tenido contacto con otros grandes cocineros, pero tener a alguien como Redzepi en mi propio espacio me dejó sin palabras. Me tocó colaborar con cocineros de talla internacional en el restaurante Pujol apoyando al grupo y haciendo una o dos recetas. De hecho, él en algún momento asistió con el chef Olvera, pero solo lo vi de lejos. Pero de eso a cocinar todos los platillos para Redzepi… no podía creerlo. Lo consideré como un hombre sencillo y transparente con mucho conocimiento e inquietud de aprender sobre la cocina indígena y los ingredientes. Un ser humano cercano y respetuoso.

En ese momento descubrí que, si alguien como él pisó mi espacio, fue por algo y que, así como él, llegarían muchos más. Al término de esta gran aventura con uno de los mejores chefs de nivel internacional, los ojos del mundo gastronómico y de otras áreas se dirigieron hacia ese espacio llamado Kokono', donde una pequeña pero gran chef maravillaba a sus comensales con la magia de sus manos, de sus sabores y su historia.

Terra Madre

Terra Madre Salone del Gusto es el evento internacional más importante dedicado a la conciencia del alimento organizado por Slow Food en la ciudad de Turín, Italia, cada dos años. Como parte de la delegación mexicana y aliada de este movimiento, en 2018 fui invitada a participar en él. Los organizadores buscaban que compartiera mi experiencia desde la cocina. En ese momento pasábamos por situaciones difíciles con el proyecto. Incluso estaba dudando en seguir, me sentía sola, y llegaba a preguntarme si realmente valía la pena continuar y pelear por lo que me movía y llenaba. Así que esta oportunidad nos cayó de maravilla para reforzar el restaurante.

Por otra parte, sería la primera vez que salía del país, por lo que estaba muy emocionada, tanto que cuando hice la maleta quería meter al estado completo. Obviamente no iba a poder llevarme todo, pero logré pasar muchos ingredientes: flores, semillas, hojas, maíz y textiles. Llevaba la maleta repleta, no me importó, lo único que me motivaba en ese momento era saber que podía compartir un poquito de mi cocina. Era el momento de hablar de Chiapas al mundo.

Estaba muy nerviosa, ya que el evento duraría cinco días y tenía intervención en diferentes temas con referencia a la comida. Además, ese año fue la primera vez que Terra Madre tuvo un espacio especial para los pueblos indígenas. Recuerdo que el espacio era inmenso, muchos colores, sabores, ingredientes, personas, pensares y sentires.

Iba cabizbaja por ciertas situaciones que me hacían dudar de lo que hacía, me decía: "Claudia, nadie te lo pide, ¿por qué te aferras a ello? ¿Por qué sacrificas tanto? ¿Por qué no haces lo que ellos dicen, no crees que es mejor?". Cada que escuchaba hablar a alguien sobre su proyecto me sentía chiquita, me decía que no estaba haciendo nada. El descubrirme pensando así de mí misma me motivó más para reforzar el trabajo que hacía.

Cuando mis ojos vieron a hermanos indígenas caminar por el lugar, me emocioné. Parecía una pasarela de modas verlos presumiendo sus atuendos, orgullosos de sus orígenes, compartiendo sus sentires y pensares, compartiendo sus proyectos, y ahí fue donde me dije: "Claudia, no estás loca, estás haciendo una revolución". El magno evento se volvió para mí una fuente de inspiración, de mucha esperanza y de gran aprendizaje.

Durante los cinco días del evento, estuve ocupada todo el tiempo, corría de espacio a espacio, iba y venía, no paraba. Todos los días tenía más de una intervención, con indígenas, cocineros, jóvenes y de manera personal como figura pública. Recuerdo que me hablaban para dar entrevistas, para grabar videos expresando mi pensar y sentir referente a la comida y lo que pasaba alrededor.

El reconocimiento

Participaría en una conferencia cuyo tema era cómo frenar el cambio climático y qué acciones realizaban los chefs desde su cocina. En Lavazza, lugar donde se llevó a cabo el evento, nos encontramos discutiendo los chefs Pierre Thiam, Olivier Roellinger y yo. Era una de las conferencias más importantes y de mayor audiencia. Cada uno daba su punto de vista sobre el cambio climático, y yo me preguntaba: "¿Yo qué tengo que aportar ante dos personas tan experimentadas?", me sentía muy chiquita al lado de ellos. Al final los dos me agradecieron por el trabajo que hacíamos, que muchos tenían que seguir nuestro ejemplo y que muchos jóvenes más deberían estar trabajando en el bienestar de nuestro planeta.

¡Quién iba a decir que esta chef ya se codeaba con los grandes! Turín fue la clave para mí, y regresé a México más poderosa, pues pensaba y creía que era la única loca haciendo cosas "extrañas", ya que todos me decían eso. Me sentí muy complacida y satisfecha, entendí que solo era cuestión de tiempo, que al final yo tendría la razón.

Así es como Kokono' se fortalece, las cosas mejoran, el restaurante comienza a florecer y dar frutos, comenzamos giras gastronómicas por todo el país y empezaron los grandes reconocimientos. El primero fue que la revista *Gourmet de México* me nombrara dentro de la lista de las 50 mujeres de la década que marcaron la gastronomía. Con ello, mi nombre y el del restaurante comenzaban a sonar más fuerte, el trabajo del equipo se reconocía, Kokono' se empezaba a considerar una parada obligatoria en San Cristóbal.

Taco crujiente

Este platillo es el que más amo. Está inspirado en mi abuela materna. Ella nos servía un "buffet" sobre la mesa: nos ponía un tazón de frijoles de la olla con papa y los complementos, como camarones asados, hojas verdes, tortillas hechas a mano o tostadas, jitomate picado, aguacate (cuando había la posibilidad); era un manjar.

Ingredientes

Para el relleno

- 200 g de camarones secos
- 4 papas
- ¼ de cebolla picada

Para el pico de gallo

- ¼ de cebolla
- 3 jitomates
- Jugo de un limón
- Cilantro al gusto

Para el puré de aguacate

- 1 aguacate grande
- 100 ml de leche
- Sal
- Pimienta

Para la salsa de frijoles

- ◇ 300 g de frijoles cocidos
- ◇ Cebolla al gusto
- ◇ Ajo al gusto
- ◇ Cilantro

Extras

- ◇ Suficiente aceite para freír
- ◇ Hojas para ensalada
- ◇ 10 tortillas de 10 cm aproximadamente
- ◇ Sal
- ◇ Pimienta molida
- ◇ Rábanos

Procedimiento

Relleno

1. Cortar las papas en cubos pequeños y cocer. Reservar.
2. Desalar los camarones con agua caliente; por lo menos hacerlo tres veces. Una vez limpios dorarlos en un comal o sartén.
3. Cortar la cebolla en cubos pequeños.
4. Sofreír la cebolla, agregar las papas y al final el camarón (pueden ser enteros o en pedazos pequeños).

Pico de gallo

Cortar la cebolla y el jitomate en cubos pequeños, picar el cilantro y mezclar con el jugo de limón. Sazonar.

Puré de aguacate

En una licuadora poner la pulpa del aguacate, leche, sal y pimienta. Rectificar el sazón.

Salsa de frijoles

Sofreír los frijoles con la cebolla y el ajo, agregar el cilantro y licuar. Sazonar.

Para el taco

1. En una sartén poner suficiente aceite para freír las tortillas. Apóyate con unas pinzas para evitar que se quemen y darles forma.
2. Tomar la tortilla de dos orillas y sumergirla en el aceite, dándole forma de quesadilla pero abierta, que tenga como 4 cm de abertura, hasta que quede crujiente.

Montaje

1. Rellenar la tortilla con pico de gallo, luego la mezcla del camarón, puré de aguacate y terminar con las hojas.
2. En un plato hondo verter un poco de salsa de frijoles y acomodar el taco. Decorar con rábano.

Tip:
Puedes decorar con más hojas de cilantro y agregar crema.

Capítulo 8

Sobrevivir en pandemia

La vida desbaratada

Era diciembre de 2019 y el proyecto del restaurante ya estaba muy cimentado, se movía por sí solo y había muy buenas entradas, se consolidaba el trabajo después de tres años de haberlo iniciado. Las integrantes del equipo y yo, como líder del proyecto, finalizamos el año satisfechas; cuando hablábamos del futuro comentábamos que 2020 sería de los años con más cosechas, esperábamos una gran temporada. Pero todo lo que se esperaba para ese año no apareció; lo que llegó fue una pandemia y con ella varias desgracias para la familia.

Iniciamos el año con noticias terribles: la madre de mi segunda al mando falleció. Esa misma madrugada una integrante de mi familia fue detenida y acusada de homicidio cuando ella no tuvo nada que ver en el asunto. En febrero mi padre se enfermó y lo internaron, lo que nos generó gastos extremos por seis meses. Luego, fallecieron miembros de la familia (no a causa del covid-19). En marzo se presentó la pandemia y el cierre del restaurante.

Lo que iba a ser un gran año resultó en una caída muy fuerte para todos y, por las circunstancias, un gran caos. Entre nosotros como hermanos teníamos que cuidar del padre, de los sobrinos, de las casas. Me iba por las noches al hospital y al día siguiente resolvía los asuntos del restaurante. Apoyaba a mi familia, cuidaba a los sobrinos, que eran pequeños, estaba al pendiente de lo que se necesitaba. Todo ello sumado a los gastos extraordinarios que teníamos que hacer y los pocos ingresos por las restricciones que comenzaron con la pandemia. Todo se volvió caótico y trágico.

A finales de marzo nos avisaron que tendría que cerrar el restaurante. Recordemos que el restaurante lo construí a base de préstamos. Justo 2019 había sido un año que terminó tan bien que había pagado ciertos montos grandes, por eso decía que 2020 sería el mejor. Yo estaba cerrando puertas y decía: "Jamás se van a volver a abrir". Fue muy duro tomar la decisión de cerrar, pero sabía que era necesario. Tenía la certeza de que no lo volvería a abrir, pues con todo el caos familiar, las deudas se habían disparado: abogados, medicinas, médicos y demás. El restaurante cerró sus puertas.

La pandemia fue una situación muy difícil para todos, y para mí fue la cereza del pastel a todos los problemas que tenía tanto en lo personal, como en el proyecto. Para mí fue tan fuerte que, por un lado, lo agradecí, porque mi papá seguía en una situación difícil y tuvieron que hacerle intervenciones por seis meses, pero por otro, me deprimí mucho porque era el único sustento que tenía.

Sobrevivir en pandemia

Salvar el restaurante

En ese momento mi vida era un caos, familiar, personal, empresarial y en lo económico. En consecuencia, nuevamente mi salud mental se vio afectada. Me deprimí mucho y entré en un estado de ansiedad que me llevaba a comer demasiado; me trasladaba de una casa a otra, la de mi padre, la de mis hermanos o la de mi madre y lo que hacía era comer todo el tiempo. Era de esperarse que con el ritmo que tenía, un enfermo en casa y las defensas bajas, fuera la primera en enfermarme de covid-19. Mi recuperación fue rápida en comparación con la de otras personas. Los dos días de síntomas más fuertes sirvieron para darme claridad y preparar estrategias para salvar el restaurante.

Kokono' era un hijo para mí, habla y se comunica de una forma diferente, también siente y tiene vida. Con la pandemia sentí como si estuviera al borde de la muerte y como tal, quería hacer todo por este hijo. En ese proyecto había colocado mi vida entera, mis sueños y sobre todo mi corazón. Porque más allá de un negocio en el que invertía mi tiempo y mis conocimientos, es un proyecto que da muchas posibilidades de acción para muchas personas y no solo para mí.

De pronto sentía que tendría que pasar un milagro para salvarlo, y no sería con una varita mágica o que yo me sacara la lotería en ese momento, más bien el milagro sería el trabajo, el buscar estrategias para que este proyecto siguiera vivo. Ahí me di cuenta realmente de que Kokono' lo era todo y, por lo tanto, no podía soltarlo, no podía dejarlo ir. En ese tiempo sentía que no había dado lo suficiente aún en el proyecto. No era cualquier cosa, no era solo una empresa, es algo que tiene mucho más que dar, mucho más que aportar. Decía que no podía dejar que se fuera así, sin dar batalla. Si en algún momento tuviera que cerrar, sería porque ya lo había dado todo y esa no era la sensación, al contrario, sentía que aún quedaba mucho por hacer. Justo esa motivación de "no perder algo", de "querer tanto algo", de amarlo tanto hizo que buscara la manera de que no se esfumara. Por esa razón buscaba formas para reconfortarlo, ayudarlo y revivirlo, con las estrategias buscaba curarlo de ese mal.

Comencé con la costura, pues había una campaña de salud en la que buscaban a personas que cosieran los cubrebocas, ya que escaseaban. A partir de rollos de tela que me entregaban hice cubrebocas para venta y para la población. También trabajé algunos proyectos con textiles.

Fueron varias las estrategias que implementé para poder salir adelante con la situación tan precaria que se tenía y el poco o nulo consumo que había en el restaurante. Incluso generamos cupones con diferentes cantidades monetarias: $200, $500, $700, $1 000, los cuales se canjearían en cuanto se pudieran abrir puertas y visitar el restaurante. Luego, con Yosafat de la Cruz, un amigo, montamos una panadería en el restaurante.

Trabajábamos solo fines de semana y ofrecíamos una carta muy pequeña con panes muy conocidos, como conchas, pan de caja, panqués; el plus era incorporar sabores muy chiapanecos, como pinole, tascalate, chipilín, chicatana, yuyos (hongos), hojas, flores y queso. En el mes de mayo, por el Día de las Madres que se celebra en México, hicimos pastelería, y en junio, el Día del Padre, preparábamos pizzas con sabores típicos de la región chiapaneca: hongos, hojas, flores, semillas, polvos y otros. Esta idea fue una de las que más generó ingresos, porque literalmente se vendían como pan caliente, incluso teníamos ventas en Tuxtla Gutiérrez.

Yosa y su familia fueron pieza fundamental para seguir a flote en la pandemia, tanto en lo personal como en lo empre-

Sobrevivir en pandemia

sarial. Su madre Victoria López, su padre David de la Cruz y su hermana Carla nos ayudaban a trasladar los pedidos a la capital y siempre nos andaban motivando para no tirar la toalla. Él había estudiado en la misma escuela que yo, pero generaciones después de mi salida, así que cuando montamos la panadería, hablábamos el mismo lenguaje. Siempre estuvo apoyándome en todos los sentidos. Es y ha sido un amigo incondicional; ambos nos apreciamos y yo agradezco enormemente haber coincidido. Es una familia maravillosa. Lo vuelvo a afirmar: la vida te pondrá a las personas indicadas para los momentos necesarios, y Yosafat junto con su familia lo fueron para mí en ese momento.

Otra pareja clave para la empresa han sido Eduardo Bello, investigador especialista en Antropología Social, y Erin Estrada, bióloga con doctorado en Antropología Social. Ellos llegaron un día a comer al restaurante y se quedaron para siempre. Hubo un tiempo en el que vinieron cada fin de semana con su familia y se convirtieron en unos de los mejores clientes. Durante la pandemia ellos también fueron de los que apoyaban y consumían. Cada producto que incorporamos para la venta, ellos siempre lo pedían y nos ayudaban a continuar en esa época difícil. En el cumpleaños 60 de Erin, ella me pidió que le preparara su pastel con temática del Día de Muertos, y desde entonces se acercaron tanto a mí como al equipo que de clientes se convirtieron en amigos y en una pieza fundamental para que ahora ustedes estén leyendo este libro. Constantemente nos recomiendan, van de la mano junto con sus hijos a todos los eventos, se llevan muy bien con todas las chicas del equipo, nos cuidan y están siempre al pendiente. Junto con sus hijos, Eduardo y Erin colaboran con nosotros en todos los eventos.

Así estuvimos algunos meses, hasta que en agosto de 2020 nos permitieron abrir de nuevo el restaurante. A pesar de los cambios y tropiezos, aquí seguimos; evolucionó en la pandemia.

El ver que renace y sigue es increíble. Es la satisfacción más grande que he tenido como madre, empresaria y emprendedora. Jamás me dejé vencer y hoy mi proyecto ya tiene un camino recorrido.

#VaporEllos

Fue muy lindo saber que hay un amor muy grande, inmenso, por este proyecto, y es entonces que se lucha y se hace todo lo posible por salvarlo y si está bien, tú también lo estás. Uno de los momentos importantes y entre las demostraciones y muestras de cariño y apoyo al proyecto vino de Businesstribemx #VaporEllos. Esta iniciativa ofrecía una donación considerable para las empresas restauranteras que pasaban por una situación difícil por los cierres de nuestros locales. La dinámica consistía en que en las historias de esta cuenta aparecían dos empresas que se enfrentaban y tenían 24 horas para recibir votos. Quien más votos tuviera pasaba a la siguiente ronda, y así hasta llegar a la final. Nuestro restaurante se postuló junto a 23 empresas más.

Recuerdo que cuando nos tocaba participar no dormía con tal de compartir lo que la gente escribía de nosotros. Eran palabras, frases, momentos maravillosos. Además, la ayuda no solo era nacional, sino internacional. Eran personas de Europa principalmente quienes nos apoyaban, emitían sus votos y compartían. Yo sentía bonito al ver los votos que recibíamos y cómo se saturaban nuestras redes.

Nos quedamos en la semifinal. No ganamos el dinero, pero sí a mucha gente, lo cual nos conmovió y llenó de mucha esperanza. Este suceso hizo que me diera cuenta de cuánta gente nos apreciaba y también buscaban la manera de que el proyecto siguiera. Fue una experiencia maravillosa. ¡Gracias a todos los que nos hicieron llegar a la semifinal, por sus muestras de cariño y apoyo!

Canastas Solidarias

Ocho mujeres de diferentes profesiones, preocupadas por las situaciones difíciles que enfrentaba la mayoría de las personas para sobrevivir, crearon una iniciativa que buscaba alimentar familias con ciertas características: que la cabeza de familia fuera una mujer o una persona de la tercera edad, que tuvieran enfermedades crónicas o vivieran en situación de pobreza. Simplemente vimos la necesidad y actuamos.

A pesar de que nosotros no estábamos pasando por una buena etapa, había acciones que me llenaban el corazón. Por ejemplo, pensar en los otros era la mejor forma de sentirme bien y plena. Así, por seis meses estuvimos alimentando a familias a las cuales les entregábamos una canasta con alimentos.

El proyecto de Canastas Solidarias tuvo tres objetivos. Primero, proveer a familias con alimentos frescos, buenos y limpios, que realmente tuvieran la función de nutrir. La mayoría de ellos eran vegetales, semillas, hojas, productos de maíz, lácteos, etcétera; nada enlatado o procesado. Segundo, apoyar a los pequeños productores: como las ventas habían bajado mucho para todos, se buscaban diferentes productos y marcas locales para que, aunque fuese mínimo, tuvieran entradas. Tercero, concientizar a la sociedad: queríamos que las personas que tenían las posibilidades miraran la realidad y pudieran apoyar a quienes lo necesitaban.

Como sabemos, no todos estábamos en la misma situación, así que nuestra tarea más grande era poder sostener el proyecto.

Al principio lo hicimos con nuestros propios recursos, así que usamos las redes sociales, invitamos a más personas a que colaboraran y así poder alimentar a más familias. Cada sábado clasificamos las canastas como pequeña, mediana y grande, dependiendo el número de integrantes de las familias.

Empezamos a recibir donaciones a nivel nacional, entre ellas, una de semillas. La idea era motivar y enseñar a las familias a plantar alimentos para hacer su propia producción y que en una segunda ocasión de crisis tuvieran cómo defenderse. Luego, la chef Adriana Cavita y el grupo de Top Chef México publicaron el recetario *De la mano cocinando en casa*. La idea era donar un porcentaje de las ventas a un proyecto que lo necesitara. Nos contactamos, hicimos llegar el proyecto y lo ganamos. Ese porcentaje, junto con el apoyo que llegó de otros lados, nos permitió abarcar a más familias.

Comenzamos alimentando a 13 familias y terminamos apoyando a 40 durante seis meses. Nuestro objetivo se cumplió e incluso nos preguntaban cómo era la dinámica para implementarlo en otros lugares.

Fue un proyecto bien bonito y muy llenador. Saber que puedes hacer la diferencia, saber que si está en tus posibilidades puedes aliviar o tranquilizar el sentir de otras personas, no tiene precio. Creo que por eso no dejé morir el restaurante, porque me permite hacer esto y mucho más. Crear sonrisas, llenar corazones, saciar estómagos, hacer alianzas, conocer y mover a gente buena. Hacer del mundo un mundo diferente es el pago y la satisfacción de la lucha. Gracias a todos los que aportaron para ello.

El generar conciencia de la empatía es importante. Hay personas que tenemos lo suficiente, pero nuestro egoísmo e individualismo no nos permite compartir, tenemos que tocarnos más el corazón.

Mousse de dos calabazas

Postre que se creó para uno de los aniversarios del restaurante y se presentó como opción para el festival de Repostería Gourmet Sanborns.

Ingredientes

Para el mousse 1

- 300 g de pulpa de chilacayote cocido y endulzado
- 150 ml de crema para montar
- 150 ml de media crema
- 7 g de grenetina
- 2 claras de huevo
- 60 g de azúcar glass

Para el mousse 2

- 300 g de pulpa de calabaza de castilla cocida y endulzada
- 150 ml de crema para montar
- 150 ml de media crema
- 7 g de grenetina
- 2 claras de huevo
- 60 g de azúcar glass

Para la base

- 300 g de pepita de calabaza
- 100 g de mantequilla
- Azúcar al gusto

Para la salsa de frutos rojos

- Frutos rojos (fresas, zarzamoras, moras, blueberries)
- Azúcar o endulzante al gusto

Procedimiento

Para la base

1. Triturar las pepitas de calabaza, dejando trocitos para darle textura al postre.
2. Derretir la mantequilla, agregar las pepitas y endulzar. Tiene que quedar una pasta.

Para el mousse

1. Licuar la pulpa de las calabazas y reservar.
2. Hidratar la grenetina y reservar.
3. Batir la crema, si no está endulzada agregar 80 g de azúcar y reservar.
4. Hacer un merengue con las claras y el azúcar necesarios para el primer mousse.
5. En un recipiente mezclar la media crema y la pulpa de una sola calabaza, agregar de forma envolvente el merengue y luego la crema montada.
6. Llevar al fuego la grenetina con 3 cucharadas de la mezcla; una vez líquida, agregar 3 cucharadas más de la mezcla para temperar (esto evitará que al contacto con el resto de la mezcla se solidifique rápido y se creen grumos); una vez lista agregamos en forma de hilo y de modo envolvente. La mezcla nos debe quedar suave y tersa.
7. Repetir el mismo procedimiento con la otra calabaza. En este caso preparar después de que la primera mezcla haya enfriado un poco.

Para la salsa

Cocinar los frutos rojos con el endulzante y licuar; dejar enfriar.

Montaje

Puede ser para compartir o individual.

1. En un molde poner de base la mezcla de la pepita, agregar el primer mousse y dejar enfriar en el refrigerador por 20 minutos aproximadamente si es para compartir; si es individual, 10 minutos. Buscamos que la mezcla se solidifique para poder verter el otro mousse.
2. Una vez teniendo las dos mezclas en el molde, dejar reposar en el refrigerador por una hora para que tome la consistencia deseada y se pueda desmoldar.
3. Servir con la salsa de frutos rojos y decorar al gusto.

Tip:
Puedes cubrir el molde con acetato o papel encerado y será más fácil desmontar. Si no tienes y ves que se pega, calienta una espátula plana y pasa por toda la orilla del molde.

Capítulo 9

En la cima

Titulares al epazote

Después de los grandes retos del año 2020, el 2021 pintaba diferente. El restaurante Kokono' comenzó a restablecerse y con ello vinieron grandes menciones en los medios de comunicación. No dejamos de recibir llamadas, invitaciones para dar pláticas en escuelas, congresos, entrevistas de medios nacionales e internacionales. Todos querían saber de la historia, de la vida y sobre todo de la forma en que habíamos llegado hasta ese punto.

Recibí una llamada de Issa Plancarte para pedirme una entrevista y poder mencionarnos en la edición de marzo de la revista *Aire* de Aeroméxico en el marco del Día Internacional de la Mujer. El tema del *women issue* fue: "Celebramos a las mujeres que han transformado el mundo". Le agradecí mucho que pusieran de nuevo nuestro trabajo y nombre en una plataforma importante. Era una bonita forma de despegar el año 2021, pues ahora la historia de nuestro proyecto volaba por los aires, por lo que fue un parteaguas para que los viajeros de todo México se enteraran del restaurante y de la cocina chiapaneca.

Otra de las revistas que nos puso en el ojo de la sociedad fue *Quién* en su edición 454, con el artículo "50 personajes que transforman a México", a partir del evento del mismo nombre organizado en la Ciudad de México, en el cual me galardonaron en la categoría Motores de la Cultura. Fue toda una chocoaventura. Me habían dicho que habría alfombra roja y asistirían celebridades. No sabía qué ponerme, pero tenía claro que quería llevar algo digno y representativo de nuestro estado. Así que le hablé a la diseñadora Lourdes Domínguez de Meltzanel, que en ese entonces estaba en San Cristóbal, y ella diseñó mi vestido inspirándose en el traje regional de San Juan Chamula. También puso a mi disposición a su equipo de la Ciudad de México para ayudarme y producir el mero día: Monserrat Castellano, que era parte del equipo de Lourdes, estuvo al pendiente de mí, desde mi llegada hasta mi partida de la ciudad, coordinó absolutamente todo. Fue otra forma de llegar a nuevas personas y dar a conocer nuestra trayectoria.

La tarde del 20 de mayo llegó otro mensaje al teléfono del restaurante que causó mucha impresión. Viridiana se presentó como la editora de la revista *Forbes México* y nos preguntó si era de nuestro interés acompañarlos para una sesión de fotos para la edición *100 mujeres poderosas de México*. Otra revista importante, otro listado en donde aparecería en menos de un año. Obviamente dije que sí y pedí más información.

La primera vez que había visto esa revista fue en la Ciudad de México en una plaza comercial; no solía asistir a esos lugares, conocía pocos. Yo acompañaba a una compañera cuando en la sección de revistas de una librería la vi y la tomé. "En esa revista solo aparecen los más millonarios del mundo, los más pudientes e importantes", me dijo. La hojeé y la devolví. Después de lo que me dijo, obviamente jamás imaginé aparecer en una edición.

No concebía que una revista como esta considerara a una mujer indígena dentro de semejante grupo, pero ahora mi ser aparecía en ese listado. "Soy una mujer guerrera, poderosa, aguerrida, una mujer que cambia los 'no' por 'sí', y que lucha por ser mejor persona cada día, que busca poder apoyar a los demás", me dije.

¿Saben cómo se siente? Extraordinario, porque es un momento de gloria. Lo diré de esta manera: callas bocas. Las personas que no creían en ti ahora lo harán (eso es triste), pero es la única manera en que pueden reconocer tu trabajo, realmente te valoran y voltean a verte. Justo así nos había sucedido: a pesar de la gran labor que ya habíamos hecho, seguían sin vernos, pero gracias a las revistas, sabían que existíamos y con esto nos voltearon a ver. Ahora sí, todo mundo quería trabajar con nosotras. ¡Qué cruel realidad!, pero es real. Bien dicen que "hasta no ver, no creer".

Un año más tarde aparecimos en otro listado: el "Best New Chefs" de la revista *Food & Wine*. La idea era seleccionar a cinco jóvenes talentos en el área culinaria dentro de la Ciudad de México y cinco de otros estados del país, por medio de un jurado muy reconocido. A nosotras nos tocó representar a Chiapas. Los colegas con los que compartí el ranking me sorprendieron con su capacidad de transformar la cocina, así como su creatividad y tenacidad. Muchos de ellos eran propietarios o socios de los espacios de donde venían. Agradezco a Anabel Oviedo por su paciencia y por hacernos parte de ello. También la gran periodista Cristina Pacheco nos buscó para una entrevista en su programa *Conversando*, el cual en ese tiempo todavía se realizaba a través de Zoom.

El hackeo

Ya empezábamos a recuperarnos del fuerte golpe que fue la pandemia cuando sufrimos un acto de hackeo en nuestra página web y redes sociales, no solo de la empresa sino también personales, donde perdimos el control de todo. Comenzaron a llegar mensajes extraños, invadieron los teléfonos del restaurante y el de alguna de las chicas. En páginas de la comunidad, cinco cuentas falsas hablaban mal del restaurante, compartían comentarios que desprestigiaban a la empresa, entre otras cosas. Nos estaban amenazando.

La agencia que trabajaba con nosotras nos decía que no podía hacer nada porque ya habían invadido todo. Buscamos apoyo en la Fiscalía General de la República y con expertos. Al final, la conclusión era que alguien había orquestado todo solo para perjudicar a la empresa. Esta situación nos generó un estrés muy grande, pues nos sentimos amenazadas y vulnerables, y estuvimos así por varias semanas.

Llevábamos ya varios días tratando de abrir nuevas cuentas cuando ocurrió uno de los encuentros que defino como mágicos. Llegaron a nuestras puertas dos personas que buscaban hablar conmigo, la fotógrafa Hannya Romo y el empresario Carlos Santos. No iban a comer, lo que deseaban era hablar con la famosa chef indígena. Era un momento complejo, así que tardé en atenderlos, pero ellos no se movieron de ahí hasta que pudieron hablar conmigo. Cuando salí pusieron en mis manos la revista *Aire*, que encontraron durante un vuelo a Chiapas para vacacionar, y querían conocer un poco de la historia de nuestro caminar.

Luego de hablar un rato preguntaron por nuestras redes sociales, porque no nos habían encontrado. Les expliqué que no teníamos y un poco de lo sucedido. Esta pareja, que llegó sin avisar e iba de vacaciones, en lugar de conocer o disfrutar de sus días, se dedicó a apoyarnos de forma rápida a construir una nueva página web y abrir de nuevo otras redes. Hablaron con una agencia de su estado y al día siguiente todos tuvimos una reunión, en la cual cerramos el trato y comenzó la creación de nuestra huella digital. Hannya y Carlos tomaron fotos, reunieron textos y consiguieron el contenido para construir un espacio donde se pudiera localizar el proyecto en la web.

Cómo es la vida, para ese entonces la directora de la agencia opinaba que debíamos abrir la página web y las redes sociales con mi nombre, ya que era figura pública y debíamos aprovechar la fama que teníamos, además de registrarlo como marca. Quién iba a decir que luego serviría para cuando llegara la demanda. Ellos también fueron parte fundamental para reorganizar nuestras redes sociales, antes de que llegaran los reconocimientos a nivel internacional que estaban por tocar a nuestra puerta.

¿Quién cambia sus vacaciones por trabajo y por alguien que no conoce? Agradezco a estas dos personas que nos dedicaron su tiempo, dinero y cariño; desde ese momento se han hecho parte importante de nuestra historia y de mi ser.

50 Next: Pionera de la hospitalidad

Un día llegó un mensaje al teléfono del restaurante desde España del Basque Culinary Center. Se trataba de una convocatoria abierta del The World's 50 Best Restaurants: 50 Next. La idea era dar a conocer a jóvenes talentos menores de 35 años, que expertos alrededor del mundo consideran que serán la siguiente generación que transformará la gastronomía. Me dieron más detalles, y así como me pidieron compartir la convocatoria, también me invitaron a participar. Sin embargo, como el plazo estaba por cumplirse, debía enviar mi postulación lo antes posible. También se podía postular a quien uno creyera que debía ser considerado. Me imagino que alguien lo hizo por mí, porque llegaron directo conmigo. Quien lo haya hecho, se lo agradezco enormemente.

Un poco incrédula, mandé el resumen de mi historia. Los que conocemos The World's 50 Best Restaurants sabemos que son listados de alto posicionamiento y sobre todo de cocineros de talla internacional. De hecho, cuando llegué a Pujol en ese momento estaba en el número 49. No obstante, los organizadores pidieron saber más de mí; decían que el trabajo que se realizaba ahí era muy interesante; necesitaban fotos, tanto mías como del lugar.

Días después recibí un correo de parte del listado: "Felicidades, eres parte de la lista 50 Next". Lo primero que pensé fue: "Creo que se equivocaron". Aun cuando leí el correo varias veces, sentía que no era verdad. ¿Cómo iba a ser cierto? Pero no se habían equivocado, estaba sucediendo en realidad y pertenecíamos a la categoría Pioneros de la Hospitalidad. En breve llegó otro correo donde me informaban la fecha en que se darían a conocer los enlistados. Fue ahí que lo empecé a asimilar. ¡No podía creerlo! ¡Estábamos dentro! ¡Ya era considerada una de las jóvenes promesas de la gastronomía a nivel mundial!

Compartí la noticia con el equipo: una de las listas más importantes en el mundo de la gastronomía nos había reconocido. Les expliqué la relevancia de este nombramiento sin saber con claridad qué nos esperaba. Eso sí, les advertí que tendríamos más trabajo.

Llegó el momento de ver el evento en vivo donde anunciarían a las 50 promesas de la gastronomía. Nos reunimos con el

En la cima

equipo y dos amigas más para verlo en vivo. Cuando llegaron a la categoría de Hospitalidad mencionaron: "Claudia Albertina Ruiz, 33 años, de San Cristóbal de las Casas, México". Mis amigas gritaban de la emoción, pero yo estaba impactada, paralizada. Otra vez no lo podía creer. Jamás creí que San Juan Chamula se escuchara internacionalmente por su gastronomía.

Terminó la lista y resultó que no había más mexicanos en ella. El corazón se me hinchó de mucha alegría y satisfacción porque ese era el momento que tanto había esperado. La gastronomía de Chiapas iba a tener mucho mayor reconocimiento no solo nacional sino internacional. Los objetivos se cumplían, el trabajo hablaba y nosotras poníamos nuestro granito de arena.

Una de mis amigas buscó más información y encontró que en cada categoría había un chef que avalaba el trabajo de ciertos jóvenes, uno por categoría (como cuando en la escuela reconocían al de mejor promedio). Pero no era cualquier chef, formaban parte de *lo mejor de lo mejor* del mismo listado. "¡Te avaló un chef, Claudia! Se llama René Redzepi", dijo muy emocionada y comenzó a leer la nota en voz alta:

> Tuve la suerte de haber pasado casi una semana con Claudia Albertina en su pueblo de Chiapas. Me impresionó increíblemente su fuerza de voluntad, su conocimiento de la comida y su instinto sobre el papel de la comida en todos los aspectos de la vida y la sociedad. Un modelo a seguir para las personas de todo el mundo a las que les resulta difícil siquiera atreverse a soñar, y mucho menos esperar que un sueño se haga realidad. Ella ha demostrado que eso es posible, y ahora tal vez más que nunca necesitamos personas de origen indígena [...] para compartir sus habilidades y conocimientos ancestrales con el mundo [René Redzepi, Noma].

Suponemos que después de ir a San Cristóbal y ver lo que hacíamos, Redzepi hizo la mención honorífica. Su visita en 2017 había sido una mágica profecía para Kokono', que para entonces llevaba apenas un año de vida. Saber que unos cuatro años atrás estuvo con nosotras algunos días y que la experiencia gastronómica que le ofrecimos fue determinante para que avalara nuestro trabajo fue en realidad el mejor premio y el momento más emocionante.

Dos semanas después del anuncio estábamos llenas de trabajo. Todos estaban encima de nosotras; los medios de comunicación nos buscaban para hacernos entrevistas, incluso la misma sociedad de San Cristóbal se acercó para reconocernos. Estábamos en boca de todos. No había tiempo para todo; necesitaba varias Claudias y mucho tiempo para recibir a quienes nos buscaban. Lo entendía y estaba agradecida.

Como todo proyecto que inicia con situaciones en contra y en un lugar donde lo creado por indígenas no era valorado, el futuro de Kokono' no se veía tan claro. Definitivamente el nombramiento en la lista 50 Next fue un parteaguas. Reforzó la fama del restaurante, nos abrió más puertas en otros ámbitos y nos permitió estar en muchas más plataformas internacionales. Desde entonces me han hecho cientos de entrevistas con el fin de mostrar quiénes somos y lo que hemos logrado.

Este logro es en conjunto, no es solo mío. Sirve para hacer notar que los indígenas existimos y que es hora de que nos escuchen a nivel mundial. También es un nuevo compromiso con mi pueblo, con los jóvenes y los indígenas del país. Me compromete a ser la voz de muchos compañeros indígenas y sobre todo ser un ejemplo del poder: si yo puedo, tú puedes, y si yo puedo ayudarte, aquí estoy.

En el mundo de la gastronomía, donde los hombres dominan en las cocinas de la mayoría de los restaurantes y, sobre todo, donde existen prejuicios contra las comunidades indígenas, espero poder inspirar a mujeres que por cuestiones de la cultura o la sociedad creen que no pueden. Para mí lo más importante es que el ejemplo permita que principalmente las mujeres indígenas que tienen sueños luchen por lograrlos. Es importante ser un referente para las niñas y mujeres de las comunidades y ayudar a visibilizar sus capacidades. 50 Next representa el mayor triunfo para una mujer joven que ha puesto alma y corazón a lo que hace.

Chef de acero

Tras la exposición a nivel mundial que recibimos por ser parte de los 50 Next, a finales de 2021 nos llegó otra gran sorpresa. Una mañana recibí una llamada de la producción de un programa que me invitó a formar parte de los ocho chefs más importantes de México que participarían en un *reality show* culinario: *Iron Chef*. Dijeron que necesitaban una respuesta pronto y que tendría que llevar a dos *sous chefs*.

Siempre he involucrado al equipo para tomar decisiones, así que les informé de la invitación y que tendríamos que ir a la Ciudad de México a participar en un programa de televisión, donde seríamos grabadas cocinando. El equipo no se imaginaba cómo era, porque nunca habían estado en una situación parecida. Todas provienen de pueblos indígenas y no habían tenido contacto con las cámaras o con una televisora. Sin embargo, dos chicas respondieron: "Sí, chef, vamos". He de confesar que me sorprendió muchísimo porque yo misma sentía una gran responsabilidad porque esta participación significaba una oportunidad para representar al estado, a nuestros pueblos, a nuestra cocina y a nuestra empresa, pero ellas parecían muy seguras. Entonces, decidimos participar.

Cuando les dije que sí a los de la producción, me contaron quiénes eran y cuál era el programa: *Iron Chef* de la plataforma Netflix. Fue muy impactante para mí, porque algún día alguien me dijo: "Deberías estar en la plataforma de Netflix contando tu historia".

Llegó el momento tan esperado de la grabación. Las tres viajamos a la Ciudad de México. Todas teníamos muchos sentimientos encontrados, emociones muy fuertes, pero los que más afloraban eran el miedo y los nervios, cada una lo vivía de manera diferente. Las chicas estaban inquietas por la presentación en el programa, por saber que iban a ser grabadas, porque era la primera vez que salían de Chiapas y por supuesto porque tampoco se habían subido a un avión. Al hecho de estar nerviosas se sumaba la experiencia de viajar por primera vez en avión y de vivir una situación especial que no imaginaban. En cuanto a mí, jamás me gustaron los concursos; nunca me atreví a participar en las convocatorias de la escuela porque me daba miedo. Sin embargo, en este caso quería aprovechar el alcance internacional de la plataforma. "Ahí es donde puedo dar un grito para los pueblos indígenas", pensé.

Ya en la grabación fue muy difícil para nosotras. Competir contra la chef Gaby Ruiz y su equipo nos hacía sentir muy presionadas porque era muy reconocida, incluso había sido considerada como una de las mejores chefs de México. Cuando comenzamos a cocinar les dije a las chicas: "Se trata de lo que sabemos hacer, como sabemos hacerlo. No vamos a inventar ni a hacer cosas que no sepamos hacer. Hagámoslo más bien como llevamos nuestra cocina de siempre; es una cocina tradicional, sencilla, así lo vamos a presentar. Sí, es un concurso, pero si no ganamos no pasa nada; al estar aquí ya la hicimos". Intentaba motivarlas, aunque yo era la primera en sentir mucho miedo. Puede decirse que tuvimos una presentación muy digna de nuestra gastronomía chiapaneca y cocina de autor. Los colores que marcaron el menú presentado envolvieron de forma mágica el programa y, con toda justicia, fuimos las ganadoras.

Después de esta gran experiencia y exposición en un medio tan popular a nivel internacional, el restaurante comenzó a recibir muchos comensales nacionales e internacionales.

Gordita con nibs de cacao

Este postre fue el que se presentó en Iron Chef.

Ingredientes

Para la gordita

- 300 g de masa nixtamalizada
- 50 g de nibs de cacao
- 70 g de azúcar

Para el relleno

- 500 ml de leche
- 130 g de azúcar
- 6 yemas de huevo
- 45 g de fécula de maíz
- 1 raja de canela
- 50 g de cacahuate
- 7 semillas de cardamomo

Para la salsa

- 150 ml de jamaica
- 1 betabel
- 30 ml de miel
- 10 ml de vinagre blanco

Procedimiento

Lavar y desinfectar el betabel.

Para la gordita

Agregar a la masa todos los ingredientes, amasar perfectamente y hacer bolitas de 40 g cada una, hacer la forma de las gorditas y cocer.

Para el relleno

1. Moler el cardamomo hasta hacerlo polvo y triturar el cacahuate.
2. Hervir la leche, la mitad de azúcar, canela, el cardamomo y la fécula de maíz, mover constantemente.
3. Por otro lado poner las yemas y la otra mitad de azúcar, y blanquear las yemas (es decir, que cambien de color de naranja a amarillo integrando bien el azúcar).
4. Una vez que haya hervido la leche, agregar una tercera parte de esta a los huevos para temperar, mover bien para evitar que se cocinen los huevos una vez bien incorporados. Regresar al resto de la leche y mover constantemente y agregar cacahuate hasta espesar.

Para la salsa

1. Cocer el betabel.
2. Licuar todo perfectamente y rectificar el sazón.

Montaje

Rellenar la gordita con la crema, acompañar con la salsa y decorar con tus frutos preferidos.

Capítulo 10

Nuevos retos

Mi nombre, una marca

No todo es miel sobre hojuelas. Con la exposición del restaurante a nivel mundial, nuestros nombres llegaron a oídos de todos y con ello comenzaron malos tragos. A muchos no les parecía la fama que teníamos y ahora las críticas eran: "¿Cómo alguien como ella puede ser reconocida de esa forma?". "¿Qué habrá dado a cambio?". "De seguro pagó". "Esa indígena no debería estar allí". Por momentos no me importaba, pero lo que sí fue un golpe fuerte fue la demanda legal que recibimos.

A finales de 2022 nos llegó un correo que decía que teníamos que cambiar el nombre del restaurante en 15 días o de lo contario tendríamos que pagar una multa. Resulta que en cierta zona del país había un restaurante que llevaba un nombre parecido al nuestro, con escritura y significado diferente, pero igual fonéticamente. Eso nos impedía registrar el nombre. Estábamos en temporada alta y no podíamos hacer eso en ese momento, así que decidí seguir trabajando con él hasta el día de la sorpresa:

decían que teníamos que enviarles evidencias y que debíamos cambiar todo antes de la fecha establecida. Contesté el correo pidiendo que nos dieran más tiempo, que consideraran que, así como nosotros, ellos también pasaban por momentos de *camotizas* fuertes. Accedieron, y en enero de 2023 hicimos el cambio.

Sin embargo, fue un episodio muy doloroso. Kokono' era el nombre de mi hijo, representaba a los pueblos por estar en una lengua materna y ya todo mundo sabía de él, era el sello del proyecto. Para cambiarlo hicimos una lista con otros ingredientes y productos en tsotsil, pero ninguno resultó. Por la urgencia, el equipo optó por dejar el nombre de epazote para sustituirlo por el mío. Yo me rehusaba, pero las chicas decían que era lo mejor. Al final, a principios de 2023 rebautizamos a mi hijo con el nombre de su madre: Claudia Sántiz Restaurante.

Por desgracia, aunque el capítulo donde aparecíamos en *Iron Chef* se grabó en 2021, fue hasta septiembre del año siguiente que se transmitió. Por supuesto que en ese momento no imaginábamos lo que vendría, así que usábamos naturalmente el nombre original del restaurante. Entonces, para cuando vino la fama y con ella los clientes, nos buscaban con un nombre que ya no existía, y eso los confundía.

Por otro lado, para esas fechas mi nombre ya se había convertido en una marca, así que darle mi nombre al proyecto hacía más potente el trabajo que hacíamos. Además, nos favoreció en el sentido de que a partir de este cambio comenzamos a crear productos bajo esta marca, y no solo alimentos, sino también textiles.

Despertando los sentidos

En alguna de mis ponencias he compartido que buscaba alcanzar otros títulos profesionales aparte de la licenciatura, ya que busco demostrarme que tengo la capacidad de seguir preparándome, e incluso en algún momento no solo hacer una maestría más sino un doctorado. Esto tiene su raíz en que alguien me dijo que perdía el tiempo estudiando y que a nosotros los indígenas no nos ayudaría la escuela porque éramos unos tontos, por lo que de nada servía estudiar si de todos modos quedaríamos igual. Desde entonces decidí demostrarme que sí podía alcanzar más niveles de escolaridad.

Un día me empecé a preocupar porque los años pasaban y decía que no quería obtener mi segundo título profesional después de los 40. Entonces, me inscribí a la maestría en Inteligencia Emocional y un par de años después obtuve mi segundo título profesional con el proyecto "Despertando los sentidos".

Consistía en compartir un menú especial con los ojos vendados a niños de entre 10 y 12 años. La idea es que desde pequeños conecten con su ser, aprendan sobre la conciencia del alimento y logren percibir sus emociones. La dinámica se divide en dos momentos: la primera consiste en degustar con los ojos cerrados cinco tiempos con diferentes ingredientes.

En la segunda etapa se les proporciona a los niños papel e instrumentos como pintura, colores, acuarelas, etcétera. A continuación los invito a expresar su sentir y su experiencia. La idea es que reflexionen si se conocen, qué tanto saben de las emociones e identifiquen qué tipo de alimentos se sirven en casa.

Este es uno de los logros que me aplaudo, porque siempre soñaba con volver a estudiar y dejé pasar años para cumplirlo, ya sea por tiempo o por dinero. En realidad se trata de una obsesión mía, ya que mi profesión no me lo pide. Sin embargo, para mí es importante ser un ejemplo para mi equipo, al cual motivo constantemente a estudiar, a superarse, a aprender más.

Coincidir

El 16 de diciembre de 2022 celebramos el sexto aniversario del restaurante. Había una reservación para tres personas que habían hecho con unos meses de anticipación justo para esa fecha, y habían preguntado si ese día tendrían la oportunidad de saludar a la chef Claudia Sántiz. Esto para mí ya se ha hecho costumbre y siempre salgo a atenderlos. En ocasiones la gente piensa que soy inalcanzable, que tal vez no podrá tomarse una foto, hablar conmigo e incluso tocarme, pero yo sostengo que soy igual a todos. Ser una figura pública no cambia en nada que sigo siendo ser humano y que no tengo por qué sentirme superior o intocable. Es verdad que he hecho muchas cosas, he trabajado mucho para estar donde estoy, pero prefiero que las personas me vean como ejemplo cercano de vida, como inspiración y motivación para que ellas generen y alcancen esos sueños interrumpidos.

Llegaron puntuales a la hora de la reservación, eran tres mujeres que recién llegaban desde la Ciudad de México y habían viajado exclusivamente hasta San Cristóbal de las Casas para conocerme: la gran periodista y conductora Cristina Pacheco había propiciado que estas mujeres llegaran a mi encuentro; se trataba de las hermanas Fany y Celia, junto con la cantante de trova Minerva. Se veían emocionadas, contentas de estar por fin en el restaurante, y después de ordenar sus platillos pidieron saludarme.

Me contaron que supieron de nuestra existencia por una entrevista que había hecho a principios de año y quedaron sorprendidas por la historia de rebeldía y éxito de una gran mujer indígena que se convirtió en chef, rompiendo los esquemas de

Nuevos retos

una cultura tan discriminatoria y violenta con las mujeres. Las hermanas se encargaron cada una por su lado de investigar más sobre mí y meses después se pusieron de acuerdo para aprovechar las vacaciones de diciembre y viajar a Chiapas para conocernos.

Quizá fue nuestra historia lo que hizo a Minerva tener la confianza de pedirme que le permitiera cantarme una canción. Habíamos contratado a un amigo para que amenizara durante el día la celebración del aniversario; este le prestó la guitarra y el equipo para que interpretara las mañanitas y algunas otras canciones. Entre ellas una que a mí en lo particular me gusta: "Coincidir".

Al día siguiente, estas mujeres fueron a comer al restaurante y volvimos a platicar y conocernos un poco más. Al despedirse aprovecharon para comentar que ellas, junto con Beatriz, quien se quedó en la Ciudad de México, formaban parte de una empresa de tecnología, así que ofrecían de corazón su apoyo para lo que necesitara. Incluso Minerva, al saber que yo tocaba la guitarra y deseaba tener una, me prometió que me regalaría una de sus guitarras cuando las visitara.

Esa promesa se cumplió unos meses después de ese primer encuentro, en abril de 2023, cuando fui invitada a cocinar en un evento en Xochimilco, en la Ciudad de México. Ahí volvimos a encontrarnos, ahora eran cuatro las mujeres que asistieron para disfrutar de la cocina, quienes estaban muy felices de volver a verme. Estando tan cerca de ellas, no perderían la oportunidad de repetir la experiencia gastronómica y, sobre todo, de tener un poco más de tiempo para conversar.

Acordaron verme al día siguiente del evento en el aeropuerto para tomar un café, antes de que yo volviera a Chiapas. Fue en ese desayuno donde apareció la magia, platicamos como si nos conociéramos de tiempo atrás, organizamos colaboraciones y ayudarían con la creación de nuevos proyectos.

Como si estuviera escrito lo que sucedería, estas mujeres llegaron a nuestra vida para acompañarnos. Desde que nos conocimos, Bety, Mine, Fany y Celia ahora son cómplices de muchas aventuras y de momentos importantes. Ellas se han convertido casi en mis hermanas, se han hecho parte de la familia y elementos clave para el proyecto y su evolución. De hecho, otra pieza importante para el libro es Celia, pues ella me ayudó a escribir lo que ustedes lectores están leyendo.

Séptimo aniversario: el tiempo justo

El 2023 fue el año en que más salidas se generaron, compartimos la cocina chiapaneca y su historia en diferentes partes del país y fuera de él. A estas alturas ya no solo compartimos sobre cocina, soy conferencista, *coach*, líder, inspiración, figura pública, escritora, músico, diseñadora, pastelera, panadera, entre muchos otros dones que se me han regalado. Si hiciéramos una lista de los lugares a donde he ido y los temas de los que he hablado, no terminaríamos de escribirlos.

En diciembre se celebró el séptimo aniversario del restaurante, en el cual contamos con la presencia de algunos chefs oaxaqueños muy reconocidos. Este evento coronó el principio de la evolución del proyecto, conocido hasta este momento como el restaurante Kokono' y después renombrado como Claudia Sántiz. Aunque con nombre distinto, en mi corazón y alma rebelde se mantiene siempre con el nombre con el que nació y que marcó mi destino.

Dicen que el número siete representa la finalización cíclica y la renovación. Hemos estado hablando de un proyecto que inició de la nada y se ha convertido en revolucionario. Nuestro equipo y las personas que han sido parte de ello han sabido, palpado y experimentado todo el proceso para llegar hasta este punto.

Hemos hablado de gastronomía chiapaneca en todos los rincones, de la gran riqueza que existe, y ahora mucha gente se ha llevado un pedacito de Chiapas en su paladar, a quienes hemos expuesto ingredientes que en su mayoría no conocían. También hemos recuperado lo tradicional en los textiles.

Hemos enfatizado la importancia de los pueblos originarios y hemos fomentado su aceptación, demostrado que estos tienen la capacidad de crear y alcanzar grandes cosas; ahora hay un porcentaje más grande de la sociedad que los acepta y seguimos trabajando para ganar más territorio. Hemos conseguido que se vea a los pueblos indígenas como una base importante de la sociedad y como el equilibrio del ecosistema. Hemos dado el ejemplo de que los indígenas podemos poner en alto a nuestro México con nuestras propias herramientas.

Hemos hecho conciencia para que se valore tanto el trabajo del campo como al productor. Hemos visibilizado el trabajo detrás de cada alimento en la mesa. Hemos luchado contra el regateo. Hemos educado a un gran número de personas, niños, adolescentes, jóvenes, adultos y adultos mayores en la conciencia del buen alimento. En ellos hemos sembrado las semillas que ahora dan fruto, pues ahora ellos ayudan a compartir la filosofía y contribuyen a que todos tengan derecho a un alimento bueno y limpio sobre la mesa.

Hemos dado espacio a diferentes jóvenes para su realización y aprendizaje mediante becas. Hemos arropado principalmente a mujeres para que se sintieran en casa y en familia.

Hemos contagiado a la sociedad de la preocupación por el cuidado y la reparación de nuestra Madre Tierra. Hemos cultivado una sociedad más empática y saludable. Aún falta mucho por hacer, pero hemos comenzado a actuar.

¡Los objetivos se han cumplido! Y seguimos trabajando en ello. El aniversario siete fue parteaguas para generar una evolución. Queremos generar nuevos proyectos, abrir nuevas puertas, hacer más fuerte la filosofía, derribar más obstáculos, pero nunca perder la esencia.

A veces me pongo a pensar cómo hemos logrado tanto con el trabajo que hemos realizado. ¡Quién imaginaría que, con pocas herramientas, venir desde abajo, tener en contra todo, y siendo mujer, indígena y joven llegaríamos hasta este punto! ¿Fácil? Para nada, de hecho, nada había sido fácil para mí. ¿Quién puede pensar que ser mujer es fácil? Sobre todo en una región del país donde se tienen los municipios más pobres del territorio mexicano, donde los usos y costumbres dictan lo que una mujer vale y un padre marca su destino en la adolescencia. Con todo, en ese entorno hostil y opresor, surgió una mujer que se atrevió desde niña a desafiar las reglas no escritas del mundo de la gastronomía y las de una sociedad que invisibiliza a las mujeres indígenas.

Nuestro presente

Otro año de cambios. Hablamos de cómo el séptimo significó cerrar ciclos, fue un año de transformación. A finales de 2023 en el restaurante empezó a sentirse una energía diferente y cambios extremos empezarían a pasar para arrancar 2024.

En primer lugar, vivimos un cambio de dinámica. La afluencia turística comenzó a bajar y, en consecuencia, el trabajo ya no era como antes. Nos dimos cuenta de que cada día las entradas se hacían menos. Esto nos llevó a pensar en nuevas estrategias.

Por otra parte, el ritmo que llevábamos afectó al equipo. Gracias a la falta de movimiento, cada chica comenzó a buscar rumbos y destinos diferentes. Para abril ya ninguna estaba conmigo, con lo cual despedimos al equipo de puras mujeres. Sin embargo, curiosamente, ahora la vida nos ha traído a hombres. Además, aproveché para darme un descanso y reparar fuerzas para la siguiente chocoaventura.

Para mayo el caminar del restaurante tomó nuevos aires. Implementamos nuestra nueva dinámica de experiencia: menús de degustación de cinco o siete tiempos con servicio bajo reservación en dos horarios: 14:30 para la comida y 19:00 para la cena. La experiencia dura entre dos y cuatro horas, dependiendo del comensal. El objetivo es buscar que la gente entienda un poco más de nuestra cocina, del porqué y para qué lo hacemos; sobre todo, la importancia de la conciencia del alimento.

¿Qué hacemos? Damos la bienvenida, hacemos una introducción de nuestra historia y caminar para después dirigirnos a la degustación. Abrimos con nuestra bebida espirituosa pox —bebida alcohólica importante para los pueblos originarios—, con la cual conectamos con nuestro ser y presentamos el menú. En cada tiempo vamos explicando cada platillo, ingrediente, procedencia, identidad, abarcamos una variedad de sabores y nos enfocamos en dos vertientes principales en cocina tradicional: de pueblo o ciudad y cocina de temporada o de autor.

Mientras cocinamos frente a ellos, interactuamos más con los visitantes. Si el comensal quiere adentrarse en ciertos temas, con gusto compartimos. Muchos de ellos llegan porque quieren saber más de nosotros, obviamente conocer de nuestra cocina, pero también del ámbito cultural, tradiciones, entre otras cosas. Yo intervengo de principio a fin.

Esta experiencia tan llenadora nos ha dejado un buen sabor de boca. Al ser asertiva y personalizada, hemos conectado con mucha gente, hemos movido pensares y sentires, hemos visto cómo el alimento mueve emociones. Nos ha llevado a experimentar los sentires de cada uno, alegría, nostalgia, tristeza; remueve momentos hermosos e importantes. Han llorado, reído y se han sorprendido frente a nosotros. Hemos creado un espacio de interacción, confianza y de armonía donde lo único que nos divide es una barra, pero, sobre todo, un espacio de hogar. ¡Qué grato es saber que no solamente alimentamos estómagos sino también corazones! Bien decían las abuelas que el alimento es medicina, y sí que lo es. Por ello, seguimos reforzando, trabajando y puliendo esta experiencia, para tener mayor conexión con nuestros comensales.

El cambio de dinámica también nos llevó a trabajar más en la investigación y adentrarnos más en los pueblos indígenas. Es algo que desde hace muchos años quería implementar, solo que por tiempos o por concentrarme mucho en el restaurante no pude hacerlo. Ahora, compartir mi cocina con familias de diferentes pueblos indígenas me lleva a reforzar más la grandeza y riqueza que tiene nuestro estado y sus pueblos.

Otra de las inquietudes que he tenido es crear recetarios; tampoco tenía el tiempo para ello. Hace mucho que quería retomar la creación de recetas fáciles y prácticas para las amas de casa o amantes de la cocina. A muchas de ellas se les complica mucho cocinar ya sea por tiempo o porque simplemente no saben cómo usar ingredientes. Mis recetarios tienen como objetivo divulgar la importancia de los alimentos de temporalidad; es decir, la Madre Tierra es muy sabia y sabe qué alimentos proveernos en cada estación del año. Es por ello que buscamos que en las casas se consuman y sobre todo que se entienda que si consumimos de temporalidad evitamos tanto maltrato a la naturaleza. También buscamos desarrollar recetas a partir de pocos ingredientes, para que vean qué tan fácil es la combinación de ellos y, sobre todo, que no se necesita de tantas cosas para crear un platillo. Esto a su vez hace que la creatividad empiece a florecer en torno a la comida.

Nuevos retos

Uno de los proyectos que retomamos fue el pódcast *Conociendo nuestras raíces*, que se basa en entrevistas realizadas a hermanos indígenas que han hecho la diferencia. El objetivo es que con su historia muchos más jóvenes se inspiren para alcanzar sueños y también para que el resto de la sociedad conozca a estas grandes personas. Antes de la pandemia, en el restaurante teníamos cada mes un espacio para ellos, los invitábamos a nuestro "Día cultural" para que compartieran su caminar y trabajo. Con la pandemia vinieron muchos cambios y ya no pudimos retomarlo. Ahora buscamos a los hermanos indígenas para hacer lo mismo, pero en su espacio, en su entorno, con su gente. Es una dinámica muy hermosa en la que conocer sus historias hace también que nos sigamos motivando e inspirando.

Por otro lado, implementamos las visitas a las primarias urbanas y rurales que llamamos "Interactuando con los sentidos". La idea es concientizar desde temprana edad —de 10 a 12 años— respecto a la importancia del alimento y, al mismo tiempo, reforzando sus sentidos y emociones. En verdad nos importa el futuro de la población y sabemos que la base de una sociedad más armónica empieza desde la alimentación, que es el motor diario de nuestra existencia.

Por último, comenzamos a ampliar nuestra marca con nuestra línea de productos: textiles, bolsos, alimentos, experiencias, souvenirs, entre otras cosas. Me nace pertenecer al mercado internacional por el simple hecho de que vean que una marca indígena puede romper las fronteras locales y nacionales. Si la mía lo consigue, sí me gustaría que se hable de ella como una marca originaria, posicionada y que atiende a diferentes estratos socioeconómicos. Es una chambota, lo sé, pero este reto también permite motivar a más personas.

Duraznos asados

Esta receta es parte del recetario de temporalidades, dentro de él buscamos hacer énfasis en la importancia de respetar a la Madre Tierra y los ciclos de vida. La naturaleza es sabia y ella sabe darnos lo que necesitamos cada época del año; no necesitamos alterarla. Además, con pocos ingredientes podemos hacer grandes platillos.

Ingredientes

- 6 duraznos grandes
- 100 ml de miel
- 4 ramitas de lavanda
- **Crema para acompañar**
- **Frutos rojos**
- **Menta**

Procedimiento

1. Lavar y desinfectar la fruta.
2. Cortar en medias lunas el durazno con un grosor de 2 cm de ancho. Asar sobre una sartén o comal.
3. Calentar la miel y agregar lavanda para hacer una infusión. Si se desea más sabor, se puede agregar más lavanda.
4. Acomodar sobre un plato los duraznos y salsear con la miel; acompañar con una crema de su preferencia, ya sea dulce o ácida, y decorar con los frutos rojos y la menta.

Despedida

Así es como mi caminar ha dejado huellas, orgullosa de mis raíces y sobre todo sabedora de lo que deseaba gracias a que escuché a mi ser. Si yo no hubiera puesto atención a esas voces dentro de mí, ustedes y yo no nos conoceríamos, ustedes y yo no habríamos conectado a través de este libro.

Espero que esta lectura haya generado en el lector alguna inquietud, y lo escribo así porque sé que hay sueños por ahí pausados o arrinconados dentro de nuestro ser. Como lo dije desde un principio, me encantaría que todo hombre y mujer pueda cumplir sus sueños. Recuerden también que no importa la edad, el sexo, la procedencia, el estatus económico, todos tenemos derecho a soñar y a realizar nuestros sueños.

Para unos será más fácil que para otros, sin duda. Posiblemente haya muchos de nosotros que tenemos más beneficios u oportunidades para hacerlo y habrá para quienes será más arduo el trabajo. Esto no es motivador, lo sé. No todos tenemos las mismas posibilidades, pero si se hace desde el corazón, todo fluye.

Entonces, los invito a empezar a enlistar sus sueños, escojan el más sencillo y comiencen a trabajar en ello a pesar de los obstáculos y el miedo. Salgan de su zona de confort y realicen algo nuevo. Hagan que su vida tenga esa chispa. La decisión está en ustedes y de ustedes dependerá qué rumbo quieren que tome su vida.

¿Qué puede pasar? ¿Que no se logre? En ese caso, ya lo experimentaron y sabrán que lo intentaron. Recuerden que se vale caer, pero nos tenemos que levantar y aprender de ello. Tal vez gracias a ello ahora encuentren que hay otra posibilidad u otras herramientas para conseguirlo, así que vuelvan a intentarlo. Hay millonarios que fracasaron una y otra vez, o personas exitosas que lograron sus objetivos después de los 60. Al final se aprende con esas experiencias y ese es su gane.

Lograr por lo menos uno de todos aquellos sueños es muy satisfactorio. Ustedes no saben cómo nuestro ser se inunda gloriosamente y sobre todo de saber que se ha hecho por medio del trabajo. Es más satisfactorio y sabe mejor.

Por ello, los invito a que empiecen desde el más sencillo al más complicado; yo inicié al revés y ahora puedo decir con mucha satisfacción que agradezco todos los aprendizajes, caídas, tropiezos y sobre todo los grandes regalos de la vida. Atrévanse, no tienen nada que perder, solo mucho que ganar.

Deseo que donde se encuentren ahora, su vida se colme de muchas bendiciones y que su ser esté cosechando muchos frutos a raíz de su caminar y la vida les dé muchos regalos de esos que llenan el alma.

¡Gracias por leerme!
Con mucho cariño,
Claudia Sántiz, la mujer indígena chamula

Agradecimientos

En el caminar del restaurante y mi vida han llegado personas maravillosas, como si fueran ángeles o protectores. En la historia hay momentos muy trágicos y la vida pone a las personas indicadas para la ayuda. Agradezco cada episodio donde he coincidido con personas grandiosas y mi corazón se alegra de saber que hay personas empáticas; posiblemente es la recompensa de los buenos gestos.

Obviamente al paso del tiempo ha habido gente hermosa que ha hecho cosas por mí sin cuestionarse, han llegado ángeles a mi vida, y más cuando el proyecto se echó a andar.

Quiero agradecer a cada una de las personas que me dieron un abrazo o palabra, que me tendieron su mano, me escucharon en un momento de desahogo, que estuvieron ahí, y hasta los que trabajaron a la par conmigo y lo siguen haciendo. ¡Muchas gracias a cada uno de ustedes!

A mi familia, que a pesar de no coincidir está y seguirá estando, agradezco cada reto, motivación, palabra, gesto, apoyo y demás. Qué bonito se siente cuando te dicen que están orgullosos de ti, y eso pasó en 2022 después de que vieron el programa en Netflix. Ver a su hija, hermana, tía, correr de un lado para otro y ganar no tiene precio, aún se me sigue haciendo el nudo en la garganta y se me llenan los ojos de lágrimas de la satisfacción tan grande que he generado a mi familia.

A mi equipo, les doy las gracias por hacer que nuestra voz se escuche por todo el mundo: Cristina, Araceli, Paco, Antonieta, Toño, Benito, Hugo, Marisol, Ángel, Cris, Gabriel, Alexis, Alex, Gaby, José Luis, Yeymi, Lumara, Diana, Irene, Andrea, Lorena, Diana, Cristabel, Griselda, Yani, Mary, Dalia, Rosy, Juanita, Leo, Sindel, Karla, Gaby, Carmen, Citlaly, María, Juana, Irma, Deyser, Erick, Sofía, Romeo, Reyna, Isabel, Rolando, Lorena, Alicia, Gabriela, Rosa, Tania, Mercedes, Ismael, Paty y todos lo que han sido parte de este caminar. También a todos los practicantes que se pusieron la camiseta y defendieron el espacio como si fuera suyo. Hubo muchos que también se convirtieron en pieza importante del desarrollo del proyecto y del mismo equipo: Víctor Pale, Plan Bioma liderado por Darinel Ballinas, Jama liderado por Marielen Gónzalez, El Semillero por Geovani Nájera, Tostixim, Mercado Agroecológico Sano y Cercano, Alma Huixteca, Red Chiapaneca de Huertos Educativos, Joaquina Díaz, Larizza Aquino y familia, Hipólito Ruiz, Heriberto Flores, a toda la Red de Slow Food, principalmente el grupo indígena, a todos los colegas que nos han invitado a sus cocinas para transformar y compartir nuestros alimentos, a todas las universidades, A.C., empresas, emprendimientos, espacios culturales, entre otros que nos han invitado a dar charlas, talleres, conferencias, etcétera, a todos los medios de comunicación que han seguido nuestros pasos y han compartido nuestra historia y trabajo en sus redes, a todos los que nos han puesto en un listado y nos han otorgado un reconocimiento, a todos los que nos siguen en nuestras redes sociales y comparten nuestro trabajo, principalmente a todo aquel que se ha sentado en nuestra mesa y ha

Agradecimientos

degustado y vivido nuestras experiencias, a todos aquellos que han consumido de nuestro producto y a ustedes que adquirieron este libro. Entre muchos otros aliados más, amigos y personas que se han hecho parte de la familia.

Por último, gracias a la señora Carmen Cancino y familia, Tomate y Quesillo, Gerardo Mares y familia, Museo del Ámbar, Eduardo Barajas, Ivette Cerecero y padre, Margarita Martínez y pareja.

Disculpen si no los menciono a todos, son muchos, yo lo sé, pero en verdad agradezco de corazón a cada uno de los que han dejado su granito de arena. Gracias totales a cada uno de ustedes. ¡Muchas, muchas gracias!